Werbetexte

schreiben lernen

In 21 Tagen zum besseren Text

Praxisbuch für Selbstständige

Hrsg. Eva Laspas

Mit einem Vorwort von
Meike Hohenwarter

Autoren:
Bella Bley, Franz Grieser, Silvia Chytil, Petra Czanik & Stella Damm, Dunja Herrmann, Almut Switalla, Eva Laspas.

Akademie Schreiben lernen
www.evalaspas.at

Diese Buch ist aus der „Challenge Schreiben lernen" entstanden, die im Zeitraum von 01.06.-21.06.2016 auf **www.evalaspas.at** gelaufen ist. Zusätzlich und zum Austausch zwischen den TeilnehmerInnen wurde die geschlossene **FB-Gruppe „Texten lernen"** gegründet. Melde dich bei der FB-Gruppe an und poste deine Aufgaben!

Die nächste **Challenge Schreiben lernen** startet im Juni 2017 – melde dich jetzt schon an und mache mit!
Die Links findest du im Arbeitsbuch, das du hier downloaden kannst: www.evalaspas.at/arbeitsmappe

Sie steht auch dir zu Verfügung.
Wir freuen uns auf dich!

Eva Laspas, Hsgb.

Paperback: ISBN 978-3-9504213-1-6
Kindle: ISBN 978-3-9504213-2-3

Verlag Laspas
Polgarstr.13E/7
1220 Wien
Österreich
www.evalaspas.at
Cover: Luna Design

Hole dir das Arbeitsbuch zum Buch „Werbetexte schreiben lernen" Übungsblätter, Checklisten und eine weiter-führende Linkliste kostenlos:
www.evalaspas.at/arbeitsmappe

Widmung:

Dieses Buch widme ich dir und allen Menschen, die gerne besser schreiben lernen möchten, weil sie tief in sich fühlen, dass sie der Welt etwas mitzuteilen haben.

Möge die Welt ein kleines bisschen besser werden durch dein Wissen.

Inhaltsverzeichnis

Vorwort

Gratulation, du hast dich entschieden, dein Business durch deine eigenen, selbst geschriebenen Beiträge aufzuwerten.

Mit Eva Laspas hast du dir da genau die richtige Partnerin zur Hand genommen, denn in dieser Challenge in Buchform nimmt sie dich bei der Hand und entkräftet all deine hinderlichen Glaubenssätze zum Thema Schreiben.

Gedanken, wie „Ich kann nicht schreiben." oder „Ich bin nicht kreativ" werden einer nach dem anderen aufgelöst. Zurück bleibt eine große Lust darauf, endlich loszulegen und deine Kreativität voll zur Entfaltung zu bringen.

Ich selbst kenne Eva Laspas schon seit vielen Jahren, denn umtriebige Businessfrauen kennen einander nun mal. Seit Jahren beobachte ich ihr großes Engagement, zum Beispiel mit dem Festival der Sinne, lese ihre vielen Beiträge und tausche mich auch immer wieder einmal mit ihr aus.

Lasse die Welt teilhaben!

Im Buch „Werbetexte schreiben lernen" nimmt dir Eva die Angst mit dem Schreiben endlich zu beginnen. Ich möchte dich hier nun auffordern nicht nur anzufangen, sondern deine Texte auch wirklich in die Welt zu bringen - mit Blog-Artikeln, Social Media Posts, Newslettern, eBooks, Büchern und vielen anderen Medien.

Was ist dein Ding?

Mit meinen Coachings, Webinaren, online-Kursen, Workshops und vielem mehr helfe ich EinzelunternehmerInnen mit ihrem Geschäftskonzept und ihrer Persönlichkeitsentwicklung. Was ich hierbei immer wieder feststelle ist, dass sich viele Coaches, Trainer, BeraterInnen und TherapeutInnen nie gefragt haben, was die eine Sache ist, die sie gerne in die Welt tragen möchten.

Aus Angst davor zu wenig Umsatz zu erwirtschaften, bieten sie lieber einen ganzen Bauchladen verschiedener Dinge an.

Da das fast alle so handhaben, ist der eine „Gemischtwarenhandel“ sehr schwer vom anderen zu unterscheiden. Für potenzielle Kunden werden die Angebote zu einem verwaschenen, graubraunen Einheitsbrei.

Doch dann gibt es diejenigen, die es verstanden haben, wie man sich abhebt. Sie haben „ihr Ding“ gefunden und positionieren sich mit ihrem Wissen als Experte, als Expertin auf ihrem Gebiet.

Das kannst ab sofort auch du sein!

Finde deine Leidenschaft und erzähle regelmäßig darüber. Wenn deine Augen schon beim Schreiben leuchten, dann springt der Funke ganz bestimmt über.

Finde deinen „Tribe“

Der von mir sehr geschätzte Autor Seth Godin spricht in seinem gleichnamigen Buch von „Tribes“, was ich jetzt grob mit „Stämme“ übersetzen würde. Früher - sagt er - hatten nur wenige Personen, wie zum Beispiel staatliche und kirchliche Oberhäupter, die Möglichkeit einen „Tribe“ um sich zu versammeln. Heute hat jeder das Potenzial, zum Beispiel über soziale Medien, viele Menschen zu einem Thema zu vereinen. Dort findet dann nicht nur eine rege Kommunikation zwischen Stammesbegründer und Stamm statt, sondern auch ein lebendiger Austausch untereinander.

Wenn du also ab sofort startest, über deine Leidenschaft in deiner ganz persönlichen Art zu schreiben und diese Artikel mit der Welt teilst, dann kann es mit der Zeit gar nicht ausbleiben, dass auch du deinen eigenen Stamm an Followern entwickelst, die sich über jeden neuen Artikel deinerseits freuen, ihre Kommentare hinterlassen und deine Beiträge teilen.

97% deiner potenziellen Kunden suchen dich im Moment nicht!

Laut Chat Holmes sind immer nur ungefähr 3 Prozent deiner potenziellen Kunden tatsächlich gerade jetzt auf der Suche nach deinem Service. Fast alle Anbieter streiten sich um diese paar Menschen. Viel Zeit und Geld wird da in Werbeanzeigen gesteckt.

Der andere mögliche Weg, der den ich dir hier vorschlage, ist viel entspannter und auch lange nicht so teuer: Finde deine Nische mit deiner größten Leidenschaft und berichte regelmäßig darüber. Auf diese Art baust du dir deinen „Tribe" auf: Menschen, die begeistert sind von dir und deinem Angebot. Wenn sie dann eines Tages deine Dienstleistung brauchen, googeln sie nicht mehr wen sie nehmen sollten, denn sie wissen schon längst, dass sie bei dir in den besten Händen sind. Bis dahin empfehlen sie dich gerne und oft weiter.

„Ich bin so schön, ich bin so toll!"

Zum Schluss möchte ich noch kurz einen der größten Fehler angehender Autoren ansprechen, damit dir das nicht passiert:

Viele Neo-UnternehmerInnen sprechen in ihren Webseiten und Artikeln permanent nur von sich selbst. Sie loben sich, ihre Ausbildungen, ihre Produkte und Dienstleistungen. Was sie dabei schmerzlich übersehen ist, dass sich ihre potenziellen Kunden primär überhaupt nicht für sie interessieren – bitter aber wahr.

Der Leser des Artikels interessiert sich für sich selbst und nicht für den Autor. Wir alle lesen Beiträge mit dem Scan-Modus „Was ist für mich drinnen? Was kann ich lernen? Wobei kann mir das helfen?" - erst viel später sind wir dann eventuell auch an dem Menschen, der das geschrieben hat, interessiert.
Daher muss immer und überall der Fokus bei deinem Kunden liegen:

- Welches Problem hat er, das du ihm zu lösen hilfst?
- Was denkt sie, wenn sie in der Nacht nicht schlafen kann?
- Woran erkennt er, dass du ihm genau dabei helfen kannst?

Diese und ähnliche Fragen führen dazu, dass du mit jedem deiner Artikel genau ins Herz deiner idealen Kunden triffst. „Die spricht genau von mir!“ – das ist der Effekt, den du mit jedem deiner Beiträge erreichen möchtest.

Belehrung oder Edutainment?
Der kanadische Philosoph und Medienwissenschaftler Marshall McLuhan sagt: „Jeder, der versucht Bildung von Unterhaltung zu unterscheiden, weiß über beides nichts.“

Wir alle haben unseren Knacks von unserer Schulzeit mitgenommen, und heute, wo wir frei entscheiden was wir lesen, greift wohl kaum jemand nach steifer, oberlehrerhafter Lektüre.
Wir wollen unterhalten werden. Wenn wir dabei gleichzeitig auch noch etwas Wichtiges lernen - umso besser!

In diesem Sinne rate ich dir, dir beim Schreiben deiner Artikel alle Freiheit zu nehmen, um bunt, kreativ und ungewöhnlich zu sein.

So bleibst du im Gedächtnis deiner Leser, und so wollen sie immer mehr. Sehe dich nicht als Sachbuchautor, sondern vielmehr als HerausgeberIn einer modernen Illustrierten.

Genau aus diesem Grund sollten auch Bilder bei deinen Texten nie fehlen. Sie animieren das unbewusste Denken, lange bevor dein bewusster Teil darüber entschieden hat, ob dieser Beitrag lesenswert ist.

Für den Fall, dass du noch mehr über deine Positionierung als Experte, als Expertin erfahren willst, kannst du hier meinen kostenlosen online-Kurs „Bauchladen ade! So

positionierst du dich als ExpertIn“ buchen:
http://marketingbasics.at/ek01/

Ich wünsche dir viel Freude beim Finden deiner Schreib-Leidenschaft und großen Erfolg mit den vielen Artikeln, die du bald veröffentlichen wirst!

Meike Hohenwarter
www.meikehohenwarter.com

Das Buch für dich

Dieses Buch kann ein Turbo für dein Unternehmen sein.

In nur 21 Tagen:

- Kommst du zu einem besseren Textgefühl.
- Lernst mit der Sprache jonglieren.
- Erhältst viele Werkzeuge.

Die Aufgabe dieses Buches ist, dass du

- Ängste und Blockaden rund ums Schreiben ablegst.
- Einen fertigen 800-Zeichen-Text hast
- und einen 140-Zeichen Slogan, der wirkt!

Wie nutzt du das Buch am besten?

Da die Woche sieben Tage hat, habe ich jede Woche 7 Lerneinheiten mit Aufgaben erstellt. Das Buch ist so angelegt, dass du an einem Mittwoch beginnen könntest.

Aber im Grunde ist es egal, wann genau du beginnst.
Wichtig ist, *dass* du beginnst!
Weil: Wie ich immer sage: „Wir sind nicht in der Schule."

- Du kannst dir also jeden Tag ein Kapitel dieses Buches vornehmen und die Tagesaufgaben machen.
- Die kannst du machen, wann und wo du willst.
- Du wirst ungefähr 30 Min. brauchen, an manchen Tagen länger.

Texten ist ein Handwerk, je öfter du dich darin übst, desto besser wirst du ;-).

Bis zum Start kannst du schon ein bisschen etwas vorbereiten:

- Melde dich in der geschlossenen FB-Gruppe "Schreiben lernen" an. Stelle dich und dein Angebot vor. Die Gruppe dient dem gegenseitigen Feedback, der Unterstützung und natürlich dem Netzwerken.
- Plane dir für die kommenden 21 Tage Zeit in deinen Tageskalender ein. Ideal ist ca. eine Stunde. Manchmal wird es weniger sein, manchmal mehr. Es kommt ja auch darauf an, wie ernst es dir mit dem Lernen ist.
- Überlege dir, ob du mit Papier und Bleistift leichter schreibst. Für viele Menschen – so wie für mich - ist es am Anfang einfacher so. Die Aufgaben kannst du ja dann rasch eintippen. Wenn du dich dazu entschlossen hast, dann richte dir Papier und Schreibwerkzeug her.
- Verwende ab heute beide Hände gleichermaßen - also die rechte und die linke Hand - ideal ist, wenn jede Hand gewisse Tätigkeiten übernimmt. Für uns RechtshänderInnen (ich bin so eine) - gilt: ab jetzt mehr mit "links" gemacht. Das stimuliert unsere Kreativität. Und wenn du LinkshänderIn bist – dann ist dein Ziel: ab heute noch mehr mit "rechts" machen. Du aktivierst spielerisch beide Gehirnhälften, was dich noch ausgeglichener macht und besser mit Stress umgehen lässt!

Dein Plus - Arbeitsbögen

Zusätzlich kannst du dir Arbeitsbögen herunterladen. Diese stelle ich dir auf meiner Webseite **www.evalaspas.at** zur Verfügung und das aus gutem Grund:

Createspace und Kindle-Bücher haben einfach eine Grenze, wenn es ums Layout und Farbe geht. Damit du die Arbeitsbögen genauso bekommst, wie wir sie für dich vorbereitet haben, bieten wir sie dir im Download per PDF an.
Zusätzlich habe ich dir noch weitere Goodys vorbereitet, wie z. B. einmal im Monat eine kleine Zusatzaufgabe etc.

Hol dir hier deine Arbeitsbögen:
www.evalaspas.at/arbeitsmappe

Wer begleitet dich durch dieses Buch?

Ich, Eva Laspas, war Organisatorin der Challenge und bin Leiterin der Akademie Schreiben lernen:

Ich schreibe seit nahezu 45 Jahren, 30 Jahre davon für unterschiedliche Kunden, hauptsächlich in der Gesundheitsbranche Kolumnen, Artikel, Newsletter-Beiträge, PR-Texte und nun auch FB-Posts. Ich bin Autorin von vier Büchern, war Herausgeberin des Festival der Sinne-Journals und brachte im Jahr 2000 als einer der ersten Pioniere eine Online-Zeitschrift heraus. Als Montessori-Pädagogin ist mir besonders der Ansatz „Hilf mir es selbst zu tun" ein Herzensanliegen. Ich unterstütze mit meiner „Akademie Schreiben lernen" und „Texte, die das Herz berühren" UnternehmerInnen auf ihrem Weg zum Erfolg.
www.evalaspas.at

Weitere ExpertInnen:

Bella Bley:

Bella Bley ist dipl. Mediendesignerin und Inhaberin der Werbeagentur Bley-Stift. Die Spezialistin für Text und Konzept unterstützt Solo-Unternehmer, Gründerinnen, Freischaffende und Künstler, strategisch und kreativ, ihre Berufung erfolgreich zum Beruf zu machen. Publicity braucht eine Botschaft, die den Kern der Sache auf den Punkt bringt. Die meisten haben tolle Angebote, nur es fällt ihnen schwer, ihre Inhalte auch prägnant zu kommunizieren. Mit schrägen Ideen und treffsicheren Worten hilft die Texterin und Marketing-Strategin clevere Strategien auszuhecken, Botschaften knackig zu formulieren und Sager zu kreieren, die hängen blieben.
www.bella-bley.com

Franz Grieser:

Franz Grieser unterstützt als Schreibcoach Menschen, die im Beruf schreiben müssen, sich damit aber schwer tun. Typische Schwierigkeiten seiner Klienten: Wie fange ich an? Was soll ich schreiben? Wie entwickle ich einen roten Faden? Wie finde ich die passenden Formulierungen? Wie bekomme ich ein umfangreiches Projekt in den Griff? Wie schreibe ich fürs Web? Er ist seit über 30 Jahren als Buchautor, Journalist, Übersetzer, Ghostwriter und Trainer unterwegs. Die meisten Blockaden seiner Klienten kennt er aus eigener Erfahrung – und nicht nur diese, sondern auch Wege aus den Blockaden heraus.
www.der-schreib-coach.de

Silvia Chytil:

Silvia Chytil ist Business Coach und Mindset-Mentorin. Sie unterstützt Unternehmerinnen dabei, sich ihren Traum vom eigenen Unternehmen zu erfüllen, ihre vielen Ideen unter einen Hut und ihr Business zum Blühen zu bringen. Aus eigener Erfahrung kennt sie die vielen Hindernisse und Hürden, mit denen wir als Unternehmerinnen immer wieder konfrontiert werden – und sie hat dabei eines gelernt: An sich glauben, dranbleiben und vor allem mit viel Spaß an der Sache sein, sind die sichersten Wege zu einem erfolgreichen Business.
www.silviachytil.com

Petra Czanik & Stella Damm:

Petra Czanik & Stella Damm, Gründerinnen von solebenwie ichwill.com und „die mit dem inneren Tiger“ sind Coaches und Online-Trainerinnen für freundliche und wirksame Selbstbehauptung. Sie arbeiten mit Menschen, die ihren eigenen Weg gehen wollen ohne Brücken hinter sich abzubrechen, und

unterstützen sie dabei, Ja zu sich selbst zu sagen und Nein zu allem, was ihnen Kraft raubt, sich ein Leben einzurichten, von dem sie keinen Urlaub brauchen, Grenzen zu setzen ohne Stacheldraht, und kreativ und experimentierfreudig Lösungen zu finden, bei denen alle gewinnen.
www.solebenwieichwill.com

Dunja Herrmann:

Dunja Herrmann bietet unter dem Namen „Power-Feedback" einen Qualitäts-Check für Texte und Konzepte an. Seit 2000 schreibt und redigiert sie Texte und berät ihre Kunden in Kommunikationsfragen. Bekannt geworden ist sie durch ihre Mitarbeit im Team von simplify®. Einfache und leicht verständliche Texte liegen ihr also am Herzen!
Vor 5 Jahren entdeckte sie eine Sprache, die ihr bis dahin unbekannt war: die des Körpers. Damit lassen sich emotionale Schwierigkeiten dauerhaft auflösen – ebenfalls auf einfachste Weise. Dunja gibt ihr Wissen darüber begeistert weiter, um es möglichst vielen Menschen zu ermöglichen, sich von ihren Schreib- oder sonstigen Blockaden zu befreien!
www.power-feedback.com

Almut Switalla:

Almut Switalla unterstützt Menschen in herausfordernden Lebenssituationen und bei anstehenden Veränderungsprozessen, Fähigkeiten und Potenzial zu entwickeln, um aktuelle Probleme zu bewältigen und dem eigenen Leben eine neue, lebendige Ausrichtung geben zu können. Ihr Natur- und schreibgestütztes Coaching hilft dir, dich in kraftvoller Lebendigkeit zu bewegen - hin zu dir selbst und aus dem heraus, was nicht mehr passt. Als Schreibcoach begleitet und fördert sie kreative Prozesse und leitet im kreativen und biographischen Schreiben an.
www.almut-switalla.de

Erste Woche:

Förderung deiner inneren Bilder

1.Tag: Der Vertrag mit dir selber

Kannst du dich an einen der Punkte zur Vorbereitung erinnern?

Da bat ich dich, ab jetzt vermehrt mit deiner schreibungewohnten Hand tätig zu werden.

Das verstärken wir heute noch:
Nimm dir für heute vor, spielerisch mit der schreibungewohnten Hand (bei RechtshänderInnen ist das die Linke, bei LinkshänderInnen die rechte Hand) möglichst viele Tätigkeiten zu tun, die dieser Hand ungewohnt sind.

Setze dir auch einige Memos, damit dein Vorhaben im Tagesgeschehen nicht untergeht ,-).

So wirst du immer wieder daran erinnert.

Setze dir vielleicht auch ein Memo für die Tagesaufgabe, die du am Abend dieses Tages machst.

Die Vorbereitung:
Beginne gleich in der Früh (also jetzt), mit der „anderen" Hand

- dein Handy zu scrollen,
- die Tastatur zu benützen,
- den Löffel, die Gabel ... zu halten,
- usw.

Werde erfinderisch!
Diese Übung gilt nicht nur für den heutigen Tag, denn um deine Kreativität richtig anzukurbeln und deine Intuition zum Fließen zu bringen, sollte dein Gehirn möglichst oft in einem entspannten Modus laufen.

Gehirnforscher nennen das „Alpha-Wellen"

Wenn dein Gehirn in Alpha schwingt, dann hältst du Stress besser aus und stehst in Verbindung mit deiner Intuition. Und die brauchst du für gute Texte.

Es gibt aber noch einen anderen Grund, warum es sich auszahlt, beide Hände und damit beide Gehirnhälften gleichermaßen zu benützen:

In der rechten Gehirnhälfte sitzen

- Intuition und
- Kreativität.

Du kannst (als RechtshänderIn) den Impuls dorthin verstärken, wenn du deine linke Hand verstärkt einsetzt. Das geht nicht von heute auf morgen, doch steter Tropfen höhlt den Stein. Ich trainiere das seit nahezu 20 Jahren und mache erstaunlich vieles mit der linken Hand, was ich früher nicht tat.

In der linken Gehirnhälfte liegen dann:

- Logik und
- Korrektor.

Die linke Gehirnhälfte stärkst du, wenn du deine rechte Hand stärker einsetzt.

Warum das gerade beim Schreiben so nützlich ist, wirst du an einem späteren Tag dieser Challenge erfahren. Während der 21 Tage wirst du Aufgaben bekommen, die beide Gehirnhälften aktivieren.

Dein Werkzeug:

Um gute Texte rasch zu schreiben, brauchst du:

- Fachwissen (das bringst du ja mit),
- Intuition und
- Kreativität.

Und hier deine heutige Aufgabe:
Nach einem Tag Training kannst du beginnen, einige Male deinen Vornamen mit der schreibungewöhnten Hand zu schreiben. Danach schaffst du die Aufgabe zum heutigen Tag:

Drucke dir das Arbeitsblatt Nr. 01, den „Vertrag mit dir selber" (aus deiner Arbeitsmappe aus, die kannst du dir hier abholen: www.evalaspas.at/arbeitsmappe) aus und unterschreibe ihn mit der Hand, die das Schreiben nicht gewöhnt ist. Und hänge ihn über deinem Schreibtisch gut sichtbar auf. Oder an anderer Stelle, wo du täglich ganz sicher vorbeikommst.

Einen Vertrag mit dir selber abzuschließen, ist für dein Unterbewusstsein ein Zeichen, dass du dich wirklich auf diese Challenge einlässt. Wir Menschen sind mit einem Schutzwächter ausgestattet, der gerne im Keim erstickt, was wir neu beginnen.

Manche nenne ihn Schweinehund, mir ist der Ausdruck „innerer Wächter" lieber.
(Bei den Arbeitsbögen findest du auch ein Sonderkapitel über den „inneren Wächter", es stammt zwar aus einem anderen Programm, hilft dir aber beim Schreiben ebenso: www.evalaspas.at/arbeitsmappe)

Hier kann es helfen, wenn du einen Vertrag unterzeichnest – du signalisierst deinem Wächter deinen Willen. Und wenn er dich den einen oder andern Tag aus den Rennen nehmen möchte, dann erinnert dich deine Unterschrift auf dem Papier an dein Abkommen mit dir selber.

Habe viel Spaß bei deiner heutigen Aufgabe!

2.Tag: Heute springen wir gleich ins kalte Wasser:

Mit dem Sinneswörterbuch schaffst du dir ein erstes Werkzeug für deinen Texte-Werkzeugkasten.

Texte schreiben, die wirken, ist wie Kochen. Du hast die Zutaten (dein Fachwissen), die den Verstand deines Kunden überzeugen sollen.

Und deine Worte – also Wörter und Sätze –, die das Herz erreichen.

- Das geht über Gefühle.
- Und Sinneseindrücke.
- Dadurch erzeugst du ein Bild und
- ein inneres Nicken bei deinem Leser.

Damit er dir aber zustimmt, ist es wichtig, dass du das Problem löst, das er gerade hat.

Es führt kein Weg daran vorbei, dass du dir deinen idealen Kunden erschaffst. Dazu habe ich dann in einigen Tagen weitere Tipps dazu ,-).

Du hast deinen idealen Kunden und sein Problem vor Augen, das du mit deinem Angebot und/oder deinem Text lösen kannst.

Es kann sein, dass dein Geschäft einen bestimmten Sinneseindruck anspricht, vielleicht sogar mehrere. Z. B. verkaufst du individuelle Parfums, dann sprichst du den Geruchssinn an. Oder du verkaufst Klaviere, dann sprichst du den Gehörsinn an.

Schau also, welchen Sinneseindruck du mit deinem Angebot am ehesten ansprichst.

Bist du Coach, dann hast du dich vielleicht auf ein bestimmtes Teilgebiet spezialisiert, dann überlege, mit welchem Sinn du das Problem ansprichst.

Wenn du mehrere Sinne mit deinem Angebot ansprichst oder individuelle Angebote für Kunden machst, dann arbeitest du mit Ausdrücken aus allen Sinnesbereichen.

Je nachdem, welcher Sinnestyp dein Kunde ist, kann dein Angebot entsprechende Wörter enthalten. Damit sprichst du ihn in „seiner" Sprache an. Das ist Teil der Verkaufspsychologie, die du im regulären **Kurs der Akademie Schreiben lernen** lernen kannst.

Aufgabe des Tages:
Eigentlich ist diese Übung nie wirklich abgeschlossen. Ideal ist, wenn du dir elektronisch oder auf Papier ein Heftchen anlegst und dein Sinneswörterbuch heute beginnst.

Denn: Oft ist es doch so, dass uns genau dann nichts einfällt, wenn wir es dringend brauchen. Der Stress, den das Wort „dringend" erzeugt, lässt die Kreativität bei vielen Menschen schmelzen wie Schnee in der Sonne.

Sammelst du aber locker dahin, dann liefert dir deine kreative Seite Wort um Wort – meist dann, wenn du gerade entspannt bist – dann ist es gut, wenn du alles gleich in deine Sammlung notierst.

Jetzt zur eigentlichen Übung:
Die Aufgabe heute ist, dass du für die Sinnesbereiche

- hören
- sehen
- fühlen
- schmecken
- riechen

jeweils drei Wörter oder Redewendungen findest. Diese Wörter müssen zusammen keinen Sinn ergeben. Es geht einfach darum, deine Aufmerksamkeit auf die unterschiedlichsten Sinneskanäle zu lenken. Und spielerisch dazu Wörter zu finden.

Deine Sammlung magst du vielleicht in der **FB-Gruppe** teilen. Und dort von anderen TeilnehmerInnen Worte finden, die du wiederum in deine Sammlung aufnehmen kannst. Jeder Mensch hat einen unterschiedlichen Sprachschatz, so könnt ihr einander ergänzen.

Beispiele:

Hören: lauschen, wie Musik in den Ohren, klingt fantastisch, tönt wie eine Trompete ...
Sehen: erblicken,
Fühlen: stachelig,
Schmecken: ölig,
Riechen: in die Nase steigen, ...

Du wirst bemerken, dass du dir bei manchen Bereichen leichter tust als bei anderen. Das ist normal und zeigt, wo dein persönlicher Sinnesschwerpunkt liegt.

In jedem Fall brauchst du dann deine Notizen nochmal später in der Challenge.

Wenn du, so wie ich, ein Papiermensch bist, dann habe ich dir als Arbeitsblatt Nr. 02 eine kleine Vorlage für dein Sinneswörterbuch (in deiner Arbeitsmappe, hast du es dir schon geholt? www.evalaspas.at/arbeitsmappe) erstellt.

Viel Spaß mit der heutigen Aufgabe!

3.Tag: Das Wichtigste erkennen

Kleine Kinder lernen sich die Schuhe anziehen, indem sie zuerst lernen, die Schuhe auszuziehen. In der Montessoripädagogik lernen die Kinder lesen, indem sie zuerst schreiben lernen.

Die Dinge vom „Schluss“ aufzurollen macht es einfacher. Oder vom Altbekannten zum Neuen.

Das ist lustig, und so lernst du spielerisch ein weiteres Werkzeug für deinen Texte-Werkzeugkasten. Bei dem Kurs in der „Akademie Schreiben lernen“ machen wir viele solcher Übungen. In diesem Buch haben wir „nur“ 21 Tage Zeit. Daher üben wir an einem bekannten Text.

Tagesaufgabe:
Du kennst sicher das Märchen Rotkäppchen? Was ist für dich das Wichtigste bei diesem Märchen? Die Kernaussage für dich?

Erzähle das Märchen „Rotkäppchen“ in 800 Zeichen inkl. Leerzeichen nach. Arbeite dabei das Wichtigste für dich heraus.
Falls du dich nicht mehr genau erinnerst, dann kannst du das Märchen **hier** nachlesen.
(http://www.grimmstories.com/de/grimm_maerchen/rotkaeppchen)

Heute geht es darum,

- das Wichtigste aus einem bekannten Text zu filtern, und
- ein Gefühl für eine bestimmte Anzahl von Zeichen im Text zu bekommen.

Deinen fertigen 800 Zeichen Rotkäppchen-Text brauchst du dann erst wieder am 14. Tag. Bis dahin darf er ruhen. So ist das mit eigenen Texten: zumindest einmal darüber schlafen, dann nochmal durchgehen.

= Folgender Text hat 800 Zeichen inkl. Leerzeichen =

Das Wichtigste in einem Text „rüberzubringen" ist eine Kunst, auf die dein ganzes Unternehmen gestützt ist. (Außer du hast persönlich Kontakt mit deinen Kunden und machst alles mündlich.) Jede Homepage, jeder Folder und sogar deine Visitenkarten sollten das Wichtigste von deinem Unternehmen vermitteln.

Märchen wurden geschrieben, um Kindern Moral und Sitte beizubringen. Also sind in jedem Märchen mehrere solcher „Kernaussagen" versteckt. Und da jeder seine Aufmerksamkeit auf unterschiedliche Bereiche legt, empfindest du etwas anderes als „das Wichtigste" als andere.

Doch wenn du einen Text für dein Angebot schreibst, ist das nicht das, was du erreichen möchtest, oder?

Dann ist das Wichtigste das Problem, das dein Kunde hat. Das ist die Kernaussage. (Darum brauchst du deinen idealen Kunden.)

== Das waren 798 Zeichen inkl. Leerzeichen ==

Wie du die Zeichenanzahl im Word finden kannst:
Markiere dir den Text, von dem du die Zeichen gezählt haben möchtest. Dann klicke unten links auf das Feld „Wörter", es öffnet sich ein Textfeld, wo du Wörter und Zeichen inkl. Leerzeichen ablesen kannst.

Wenn du magst, dann poste deine 800 Zeichen in der **FB-Gruppe** – ich bin schon gespannt auf deine Perspektive.

Viel Spaß heute bei deiner Aufgabe!

4.Tag: Satzpuzzle

Heute wird es sehr kreativ – du brauchst zumindest eine Schere, Papier und ein Schreibgerät.

Sätze bestehen aus unterschiedlichen Wörtern. Jedes hat seinen Platz im Satzgefüge, damit der Satz etwas Bestimmtes ausdrückt.

Lies bitte laut:

- Du möchtest ja, dass dein Kunde sein Problem bei dir löst, oder?
- Oder möchtest du, dass dein Kunde ja sein Problem bei dir löst?
- Ja oder möchtest du, dass dein Kunde bei dir sein Problem löst?

Du siehst – Satzbau und Komma verändern den ganzen Satz. Du kennst vielleicht auch diesen typischen Satz:

- Hängt ihn nicht, begnadigt.
- Hängt ihn, nicht begnadigt.

Hier entscheidet ein Komma sogar über Tod oder Leben. (In meinem Beispiel oben übrigens auch ...)

Aber heute geht es nicht um die Kommata, sondern darum, wie Wörter innerhalb eines Satzes die Wirkung des Satzes verändern können. Und seine Melodie.

Ein wichtiges Werkzeug für deinen Text-Werkzeugkasten. Du brauchst es dann für die letzte Woche.

Deine Tagesaufgabe:
Heute habe ich dir einen längeren Satz notiert. Drucke dir das Arbeitsblatt Nr. 04 aus und zerschneide es nach jedem Wort. So hast du ein Satzbau-Puzzlespiel.

Mach es dir nun mit einem Tee und Knabbereien gemütlich und beginne, die Worte zu neuen Satzmöglichkeiten zusammen zu legen.

Wichtig ist, dass du versuchst *alle* Wörter zu verwenden. Es soll ja auch nicht zu leicht sein.

Schreibe dir jeweils den Satz oder die Sätze auf, die du gebaut hast. Mische dann alle Worte wieder zusammen. Beginne nun aufs Neue. Spiele mit den Elementen ,-).

Bei den Satzzeichen darf dir mal das eine oder andere übrig bleiben.

Lass dir Zeit, es dauert eine Weile, bis du in Fluss kommst.

Mach dann folgende Überprüfungen:

- Klang

Lies dir den Satz vor und höre aufmerksam, wie er klingt. Das hilft ungemein und ist ein unschlagbares Werkzeug.

- Weglassen

Artikel oder andere Füllwörter (und, oder, aber...) können manchmal zu viel sein. Probiere aus, wie der Satz sich anhört, wenn du den einen oder anderen Artikel weglässt.

- Wortstellung

Wenn ein Satz komisch klingt, dann stell die Wörter um. Solange, bis es dir gut in den Ohren klingt.

- Ersatz

Manchmal hilft alles nichts, es ist ein unpassendes Wort. Dann ersetze es durch ein besseres.

- Ergänzen

Oft fehlt ein wichtiger Teil, damit der Kern getroffen wird. Dann ergänze.

Ich habe nur die Hauptwörter großgeschrieben, damit dich der Großbuchstabe am Satzanfang nicht ablenkt.

Wie viele unterschiedliche Sätze kannst du bauen? Lies sie dir laut durch. Überlege, wie sich die Bedeutung des Satzes ändert, wenn die Wörter an anderer Stelle stehen.

- Welcher Satz klingt für dich am elegantesten?
- Welche/s Dienstleistung/Angebot kann hier beworben werden?

Poste die Antwort auf meine beiden Fragen gerne in der **FB-Gruppe**, wenn du magst. Nicht unbedingt alle Sätze, die dir einfallen ... das würde den Rahmen sprengen,-).

Ich bin schon auf deine Antwort gespannt! ,-)

PS. Fleißaufgabe: Mach dir den Spaß und nimm jeden Tag irgendeinen anderen Satz. Mach diese Übung so oft du kannst.

Viel Freude an deiner Aufgabe heute!

5.Tag: Entspannung

Du warst extrem fleißig in den letzten Tagen!

Heute hast du also „frei" – es gibt keine Aufgabe, außer dich zu entspannen!
(Mit dem Hintergedanken, dass du in der nächsten Woche genug zu tun bekommst … ,-).)

Es ist eine weitere Methode, wie du deine beiden Gehirnhälften in Einklang bringen kannst. Das passt für einen Sonntag gut – da ist Entspannung die beste Aufgabe.

Vielleicht möchtest du ja heute (falls Sonntag ist) einmal IPhone und PC abgedreht lassen und dich der totalen Entspannung hingeben?

Lust auf eine Begegnung mit deinem kreativen Teil in dir?

Dann habe ich dir als Arbeitsblatt Nr. 05 ein Ausmalbild vorbereitet. Wenn du deine Arbeitsmappe noch nicht hast, hier findest du sie: www.evalaspas.at/arbeitsmappe

Wenn du also magst, drucke dir das Ausmalbild aus, nimm dir Farbstifte und mache es dir gemütlich.

So schön kann Entspannung sein!

Wenn du magst, dann fotografiere dein Ausmalbild und zeige uns dein Werk in der **FB-Gruppe**!

Ich bin schon sehr gespannt.

Einen wunderbaren Entspannungstag wünsche ich dir!

6.Tag: Türme deiner Geschichte

Diese Woche beginnen wir so richtig – du erhältst weitere Werkzeuge für deinen Text.

4 hast du ja schon – 6 bekommst du diese Woche noch dazu.

Bist du schon ungeduldig?
Möchtest gerne schon schreiben?
Kribbelt es dich in den **Fingern**?

Ein bisschen gedulde dich noch, bitte!
Wie baust du ohne **Ziegel** ein **Haus**?

Heute geht es also um die Stütze deines Textes.

Die **Hauptwörter**.

Ohne die ist es auch schön.

Aber der **Text** ist ohne **Bild**.

Hauptwörter zaubern Standbilder in den Kopf.

Möchtest du verstanden werden?

Dann gilt hier: Schreibe einfach und kurz.

Verwende kurze Wörter.
Kurze Wörter versteht jeder.
Auf den ersten Blick.

Jemand hat einmal gesagt:
Je kürzer das Wort, desto verständlicher.

Und hier ist sie wieder einmal – die Frage nach deinem idealen Kunden.

Für wen schreibst du?
Für Hochschulprofessoren?
Ärzte?
Die mögen es manchmal etwas länger.

Oder für „ganz normale" Menschen?
Die mögen es lieber kurz und knapp.
Besonders, wenn sie zur Lösung kommen möchten.
Für ihr Problem.

Siehst du, was ich meine?

Kurz und knackig soll das **Hauptwort** sein.

Dann stützt es deine **Texte**.

Probieren wir es aus.

Aufgabe: Heute gibt es wieder eine spielerische Übung

Wähle dir eines der drei Bilder (Arbeitsblatt Nr. 06) aus, die ich dir in deiner Arbeitsmappe zum Buch (erhältlich hier: www.evalaspas.at/arbeitsmappe) hinterlegt habe.

- Drucke es aus.
- Mache eine Sammlung von kurzen Hauptwörtern, um das Bild zu beschreiben.
- 6 Hauptwörter nur.
- Versuche alles, was dir zu dem Bild einfällt, in Hauptwörtern auszudrücken.
- Wähle gut, denn du hast nur 6 Hauptwörter zur Verfügung!

- Schau, was dir an dem Bild als „der Kern“ auffällt.
- Dann wähle deine Hauptwörter.
- Kurz und knackig.
- Und erzähle die Geschichte, die du im Bild erkennen kannst.

Also zum Beispiel: Hund – Knochen – Wiese – Loch – Gärtner – Wut

Sammle die Hauptwörter, notiere sie dir für später auf einem Blatt.

Und hebe dir auch das Bild auf, das brauchst du die nächsten Tage noch öfter.

Und wenn du Lust hast, dann poste deine 6 Hauptwörter in unserer **FB-Gruppe**. Schauen wir mal, ob wir erraten, welches Bild du beschreibst!

Hab Spaß mit deinen „Türmen“ heute!

7.Tag: Eigenschaftswort “Tut-nicht-gut“

Und weiter geht es mit dem nächsten Werkzeug. Es ist eigentlich ein Nicht-Werkzeug, denn bei den Eigenschaftswörtern ist „sparsam“ die beste Regel.

Wieso nenne ich Eigenschaftswörter so uncharmant „Tut-nicht-gut“?

Erstens einmal, weil lustige Bilder besser im Kopf bleiben.

Zweitens, weil zu viele Eigenschaftswörter einem Text tatsächlich nicht guttun. Sie sind nur Beiwörter zu den Hauptwörtern. Sie erzeugen:

- ein eher langatmiges Bild im Kopf.

Probiere es einmal aus:

- Vom Leuchtturm aus kannst du die Sonne am Horizont sehen.

Was siehst du jetzt vor deinem inneren Auge? Ich sehe:

Einen LeuchtTURM (also etwas Höheres), eine weite Fläche Meer und die Sonne. In meinem Fall geht sie unter. Sie kann aber auch aufgehen, das ist nicht klar kommuniziert.

Wenn ich also schreibe:

- Vom hohen Leuchtturm aus kannst du die orange Sonne am weiten Horizont sehen.

ist das langatmig, und zwei Eigenschaftswörter sind unnötig, vielleicht sogar auch das „orange“. Nämlich dann, wenn dieser Satz in einem Reisekatalog steht. Und es die Beschreibung eines Ferienortes ist.

Wenn es eine Story und wichtig ist, ob es Morgen oder Abend ist, dann füge ich das „orange“ ein.

- Auch hier gilt: kurz und bündig geht vor langatmig und langweilig

(Lies diesen Satz einmal laut ,-)!

Du erkennst vielleicht:

Eigenschaftswörter erzeugen einen langatmigen Text.

Besonders in Werbetexten haben sie kaum etwas zu suchen.

Ganz besonders anstrengend wird es, wenn sie noch einmal das ausdrücken, was das Hauptwort ja sowieso schon sagt.

- „Der kleine Zwerg“ ist nur wichtig, wenn es auch einen großen Zwerg gibt.

Da du eher Texte für die Bewerbung deines Unternehmens schreiben wirst, kannst du die Eigenschaftswörter im großen Stil meiden. Und sie durch passende Tunwörter (Verben) ersetzen. Die üben wir morgen.

Aufgabe:

So spürst du die (Un-)Wirkung von Eigenschaftswörtern richtig.

Nimm dir dein Bild von gestern und suche dir nun sechs Eigenschaftswörter dazu aus! Diesmal geht es darum, dass du kreativ und originell wirst. Du weißt ja schon,dass Eigenschaftswörter etwas langatmig sind, daher muss es schon etwas ganz besonders ausdrücken.

Für mein Bild von gestern sind das: jung - stinkig - grün - tief - alt – hell

Dann nimmst du dir die Hauptwörter von gestern und setzt sie zusammen.

Für mein Beispiel ist das:

Hund – Knochen – Wiese – Loch – Gärtner – Wut wird nun zu:

Junger Hund – stinkiger Knochen – grüne Wiese – tiefes Loch – alter Gärtner – helle Wut

Nun lies wieder laut.

Vergleiche.

Stimmst du zu?

Eigenschaftswörter sind nur dann nötig, wenn:

- ein Unterschied zwischen zwei Gleichen wichtig ist (z. B. Das Auto fährt schnell. Unterschied: Das gelbe Auto fährt schnell. – Da muss es wohl noch ein rotes geben, das nicht schnell fährt.)
- die Eigenschaft wichtig für die Handlung ist.

PS. Hebe dir deine Wortsammlung noch auf, morgen geht es damit weiter.

Wenn du Lust hast, dann poste doch deine Wortkombinationen in unserer **FB-Gruppe.** Ich bin gespannt auf deine Kombination – wer weiß, vielleicht ergibt sich daraus ja noch ein toller Roman;-).

Hab Spaß mit deiner Aufgabe!

Notizen:

Zweite Woche:

Mit Schere und Kleber zum besseren Text

8.Tag: Tunwörter (Verben) legen das Tempo fest

Tunwörter (Verben) werden auch Tätigkeitswörter genannt – und das zu Recht!

Sie bestimmen das Tempo:
- Treiben dich an.
- Stoppen dich.
- Bringen Melodie in den Text.
- Und erreichen dein Herz.

Dazu gibt es einige Kniffe:
- Schreibe den Satz immer *aktiv*.
- Der Satz, der *passiv geschrieben wurde*, ist schwerer zu lesen.

Außerdem bleibt unklar, wer es getan hat.

Und du möchtest deinem Kunden doch ein klares Angebot stellen? Nichts verschleiern?

- Vermeide den *Konjunktiv*.
- Wie *würde* denn das aussehen?

Ja wie fühlt sich das an? Und vor allem, wie klingt das?

Vergleiche:
- Ich *würde* Ihnen gerne ein Angebot machen.
- Ich mache Ihnen gerne ein Angebot.

- Ich *würde* mich freuen, von Ihnen zu hören.
- Ich freue mich, von Ihnen zu hören.

Und: Finger weg von „leeren" Tunwörter (Verben), die ein Eigenschaftswort brauchen, um zu leben:

werden, sein, haben, gehen, sagen – sind einige davon.

Sie machen ein Bild ohne Inhalt.

z. B.:

- Der Regen wird stärker.

Was macht das für ein Bild in dir?

- **Besser**: Es schüttet.

Was macht das für ein Bild in dir? (Und du hast 11 Zeichen gespart!)

- Schreibe *nicht* negativ.
- **Besser**: Schreibe positiv.

- Stelle dir bitte keinen rosa Elefanten vor.

Der Satz braucht Gedankenarbeit. Zuerst stellst du dir den Elefanten vor, dann musst du ihn wieder ausradieren - durchstreichen - oder wie?

Merke: Bei Verneinungen merken sich die Leser auch nur das Tunwort (Verb):

- Übersehen Sie mein Angebot *nicht*!
- **Gemerkt wird:** Übersehen Sie mein Angebot.

Kräftiger ist:
- Beachten Sie mein Angebot!

Auch hier gilt:

- umsetzen geht vor implementieren

(Lies das einmal laut ,-) Mehr brauche ich nicht zu sagen. Lang und fremd – wer liest das schon?

Aufgabe:

Heute suchst du dir 3 Tunwörter (Verben) für dein Bild.

Für mein Bild wähle ich:
wedeln – buddeln – explodieren

Hast du da ein Bild vor Augen?

Und jetzt sieh selbst – mit einigem Geschick beschreibst du ein ganzes Bild mit nur drei Tunwörtern (Verben) ;-).

Wenn du Lust hast, dann mach eine kleine Ein-Satz-Geschichte aus deinen Wortsammlungen. Lass die Wörter weg, die du für deine Geschichte nicht brauchst. (Wozu du diese Übung in deinem Berufsleben brauchst? Z. B. für Twitter oder andere Schlagzeilen ...).

Mein Beispiel:
Vorher hatte ich: Junger Hund – stinkiger Knochen – grüne Wiese – tiefes Loch – alter Gärtner – helle Wut

Dazu noch: Wedeln – buddeln – explodieren
z.B.: Junger Hund buddelt Knochen in die Wiese, Gärtner explodiert.

Oder:
Hund wedelt und Gärtner explodiert
(Das macht neugierig auf mehr, oder?)

Für diese Aufgabe kannst du auch die Technik von Tag 4 verwenden – schreibe dir die Wörter auf Papier, schneide sie einzeln aus und puzzle sie zu unterschiedlichen Sätzen zusammen - ergänze sie dann mit den Werkzeugen von Tag 6-8.

Dann hast du dir fast alle Wort-Tricks erarbeitet.

Für morgen. Denn da beginnen wir so richtig! *freu*

Poste uns deine Ein-Satz-Geschichte ins FB.
Ich freue mich schon auf deine „Meldungen"!

9.Tag: Dein idealer Kunde – inneres Interview:

Für den Schreibprozess ist es wichtig, dass du weißt, für wen du schreibst. In allererster Linie erschaffst du dir daher deinen idealen Kunden bzw. Leser. Ohne den geht gar nichts, wage ich zu behaupten ;-).

Dazu habe ich dir ein Video gemacht - du findest es hier: https://youtu.be/edmmjMSV2uc

Und hier nochmal die Beschreibung zu der Übung:

Vorbereitung:
Schreibunterlagen, Stift (alternativ dein Handy mit Sprachnotiz), ca. 60 Min. Zeit ohne Störung.

- Atme entspannt und verbinde dich mit deinem Bauch.
- Schalte deinen „inneren Beobachter“ ein, er überblickt die Situation, greift aber nicht ein. Du kannst ihn dir vorstellen wie eine unsichtbare Kamera, die auf deinem Kopf ruht. So kann er dir Daten liefern, die du auswerten kannst.
  Die Daten (Antworten des Kunden) notierst du.
- Wenn du noch nie so gearbeitet hast, dann kannst du dir das vorstellen wie Tagträumen. Du stellst dir einfach die Situation vor und notierst dir das, was dir als Erstes einfällt, und zwar ohne es mit dem Verstand zu bewerten oder gar zu verwerfen.
- Bei dieser Übung haben viele Menschen mitunter ganz erstaunliche Antworten bekommen, die sie in ihrem Geschäft sehr weit gebracht haben!
- Bitte dann deinen „idealen Kunden“ an den „runden Tisch“. Es kann zu Beginn nur der Name „idealer Kunde“ sein und eine vage Gestalt. Der „Kunde“ kann aber auch schon klar erkennbar sein.

Der „runde Tisch“ mag ein imaginärer Tisch sein, den du dir in Gedanken erschaffst oder auch ein echter (siehe Variante unten).

- Du nimmst gegenüber deines idealen Kunden Platz.
- Zuerst stellst du dir deinen „idealen Kunden“ äußerlich vor. Achte dabei auf jede Kleinigkeit. Notiere dir alles, was dir auffällt. Wichtig sind besonders:
    - Geschlecht
    - Alter
    - Aussehen
    - Besondere Merkmale
    - Kleidung (Stil, Farbe, Markenkleidung?, ...)
    - ...
    - ...

Wenn du alles notiert hast, was dir äußerlich zu deinem Kunden einfällt, dann kannst du dich ihm mit deinem Namen vorstellen und ihn bitten, Fragen stellen zu dürfen.

Nun geht es ähnlich einem Interview zu.

Stelle deinem idealen Kunden eine Frage, er wird dir antworten. Notiere dir alle Antworten.

Stelle Fragen wie:

- Was ist dein akutes Problem?
- Bist du verheiratet?
- Hast du Kinder?
- Was wünschst du dir für deine Zukunft?
- Welcher Arbeit gehst du nach?
- Was ist dein Hobby?

Je genauer du deine Fragen stellst, desto klarer erscheint dir dein idealer Kunde, er soll wie ein bester Freund werden – du sollst ihn in- und auswendig kennen, nur so erreichen deine Worte sein Herz!

Am Ende hast du dann eine Menge Notizen, die dir im Schreibprozess weiterhelfen.

- Dann gehst du mit einigen Atemzügen wieder heraus aus der Übung und liest mit deinem Verstand, was du geschrieben hast bzw. erinnerst dich, was gesagt wurde.

Und hast einen ziemlich klaren Weg.

Variante: Du kannst das auch „in echt" machen.

- Schreib dir z. B. auf ein Post-it „idealer Kunde" (oder gib ihm einen eigenen Namen) und auf das andere Post-it schreibst du „ich" (oder deinen Namen für dich).
- Die Post-it klebst du auf Sessel, die um einen Tisch stehen.
- Nun nimmst du die Position des jeweiligen Partners ein. Und machst die Übung, mit dem Unterschied, dass du jedes Mal aufstehst und die Rollen wechselst. Wieder schreibst du dir die Dinge auf, die er sagt.
- Dann wechselst du den Platz und machst das mit dem anderen Partner ebenso.
- Dann gehst du mit einigen Atemzügen wieder heraus aus der Übung und liest mit deinem Verstand, was du geschrieben hast bzw. erinnerst dich, was gesagt wurde.

Und hast einen ziemlich klaren Weg.

Deine Aufgabe für heute:
Nimm dir mindestens eine Stunde Zeit (eher länger), mache es dir dort gemütlich, wo du nicht gestört wirst, und beginne, dir deinen idealen Kunden/Leser zu erschaffen. Und keine Angst - du kannst diese Übung jederzeit erweitern und ausschmücken, mit der Zeit wird dein Kunde immer präsenter!

10.Tag: Als die Bilder laufen lernten oder Übung ist alles

Am 8. Tag hatten wir Beispiele von Tun-Wörtern, die ein unscharfes Bild erzeugen. Für Werbetexte sind besonders diese hier zu vermeiden:

werden – müssen – sagen – gehen – tun

- Ich werde ein Angebot erstellen.

Hier ist der Zeitpunkt ungewiss und irgendwie klingt das nicht sehr motiviert, finde ich.

- **Besser**: Ich erstelle ein Angebot.

Oder hier:
- Du gehst hinüber. vs.
- Du springst hinüber.

Hier kommt Tempo ins Spiel und nochmal Farbe.

Merke: Besonders das Wort „müssen" hat es in sich – es macht Druck.

- Sie müssen sich das ansehen!

Muss ich?

- Schauen Sie sich das an!

Der heutige Tag ist der Beginn für dein zweites Wörterbuch – dein „Tunwort (Verb)-Wörterbuch".

- Warum das so wichtig ist?
- Kann ich das nicht auch googeln?

Ja, das kannst du. Du kannst Stunden damit verbringen, nach dem passenden Wort zu googeln.

Hast du Stunden?
Oder brauchst du den Text heute noch?

Und dabei bekommt dein kreativer Teil auch Futter ,-)!

Dazu gibt es zwei Tricks:

Lies viel und Unterschiedliches. Bücher, Werbung, Zeitungsmeldungen. Lies sie weniger auf Inhalt als auf Werkzeuge. Jeden Tag zumindest zwei A 5-Seiten. Für dein Handwerk.

Am besten vor dem Schlafengehen.

Lesen. Licht aus. Lernen. äh, sorry: schlafen ;-).

Wenn dir etwas besonders gut gefällt, lies mehr davon.

Ehe du deinen eigenen Stil findest, schaust du dir da und dort etwas ab. Das ist normal. Solange du keine Inhalte abkupferst ...

- Hier findest du meinen Stil im spirituellen **Blog für Frauen.** (www.lebe-frei.info)
- Hier im **Gesundheitsbereich**. (www.festivaldersinne.at)
- Im **Akademie Schreiben lernen Blog**. (http://www.evalaspas.at/blog/)

Oder:

- **Bellas Blog**: http://www.bella-bley.com/blog/
- **Silvias Blog:** http://silviachytil.com/blog/
- **Franz' Blog:** http://www.der-schreib-coach.de/blog
- **Stellas & Petras Blog:** http://www.solebenwieichwill.com/blog/
- **Almuts Blog.** http://www.almut-switalla.de/Geschrieben-fuer-dich/
- **Dunjas Blog:** http://www.dunja-herrmann.de/#!blog/c1srz

Oder andere Blogs, die dir gefallen. ,-)

Wir Menschen lernen durch Nachahmung.

Also:

- Lies viel und
- sammle Wörter!

Aufgabe:
Ich habe dir in deiner Arbeitsmappe im Arbeitsblatt Nr. 10 (www.evalaspas.at/arbeitsmappe) wieder ein kleines Wörterbuch hinterlegt. Es kann der Anfang sein. Habe es immer bei dir, und wenn dir beim Lesen ein Tunwort (Verb) auffällt, dann trage es gleich ein.

Denn:

- Der Stoff, mit dem Schreiberlinge arbeiten, sind Wörter.
- Die Technik ist nur die halbe Miete.

Sammle also heute die ersten Synonyme für die Verben:

werden – müssen – sagen – gehen – tun

Kurz und lebendig.

Immer wenn es darum geht etwas zu sammeln, dann lass deinem Gehirn genug Freiraum. Mache es dir gemütlich und denke im Flow. Denke

- im Bogen,
- im Cluster,
- im Mindmap –
- stelle dir Situationen vor,
- Bewegungen,
- Menschen, die etwas tun ...

– dann schreibe einfach, was da kommen mag. Klammere dich nicht an ein bestimmtes Wort. **Vor allem:** Suche nicht! Finde besser.

Dann überträgst du die lebendigen Tunwörter (Verben) in dein Heftchen.
Und ab da ergänzt du, wann immer dir wieder ein Wort einfällt oder gefällt ...

Viel Spaß für deine heutige Aufgabe – es ist doch immer wieder schön, wenn du siehst, wie viel da eigentlich in dir steckt!

11.Tag: Wie viel Plan benötigst du beim Schreiben?

Diesen Beitrag hat Silvia Chytil für dich geschrieben.
www.silviachytil.com

- Warum schreibst du gerne?
- Weil du gerne Geschichten erzählst?
- Weil du damit Kunden gewinnen möchtest?
- Weil du dich als Expertin positionieren willst?

Bei mir ist es der kreative Prozess des Entstehens. Es flasht mich jedes Mal aufs Neue, wenn ich vor einem leeren Blatt Papier sitze, und nach und nach füllt es sich mit Wörtern und Sätzen, bis am Ende tatsächlich eine Geschichte auf der Welt ist.

Ganz gleich ob es ein Roman, ein Blogbeitrag oder gar ein Buch wird. Diese Kreativität ist etwas Unbeschreibliches. Wenn wir uns im Flow befinden und die einzelnen Wörter nur so aus uns raus wollen.

Eine Freundin, die gerade dabei ist ein Buch zu schreiben, beschreibt es mit den Worten – es will einfach raus aus ihr. Sie hat gar keine andere Wahl. Elisabeth Gilbert, die Autorin von Eat, Pray, Love, sagt, es kommt ihr vor, als wenn sie gar nicht sie selbst sei. Als wenn eine andere Kraft für sie schreibt.

Der natürliche Feind der Kreativität
Ganz gleich, warum du gerne schreibst, du benötigst diese kreative Energie, diesen Flow, diese Leichtigkeit beim Schreiben.
Ich bin mir sicher, du hast dieses wunderbare Erlebnis selbst schon oft gehabt.

Dann kennst voraussichtlich auch einen natürlichen Feind der Kreativität: Den Plan.

Zumindest ist es bei mir so. Wenn ich weiß, ich MUSS jetzt schreiben, mich die Muse so gar nicht küssen mag. Da sitze ich vor einem leeren Blatt Papier, das mich anstarrt und sich nicht und nicht füllen mag.

Kreativität braucht Raum. Zu enge und starre Grenzen hemmen die Kreativität und Intuition. (Morgen erfährst du von Stella mehr darüber.)

So weit so gut. Setzen wir das Schreiben allerdings als Marketing-Werkzeug ein, dann reicht es nicht, wenn wir nur dann schreiben, wenn wir gerade dazu Lust haben. Wir sollten Kontinuität an den Tag legen und regelmäßig veröffentlichen.

Dann wäre es schon sehr sinnvoll, wenn wir uns einen Plan zurechtlegen.

Wann wollen wir was für wen schreiben.

Und da beginnt für viele das Dilemma. Ein Plan erzeugt Druck. Druck verhindert Kreativität. Und das Papier bleibt leer.

Einen Plan beim Schreiben zu haben ist nicht per se schlecht. Er kann sehr viele Vorteile bieten.

Die Vorteile eines Planes beim Schreiben

1. Du kannst die Zielgruppe genau ansprechen

Mit einem Redaktions-Plan kannst du sehr konkret auf die Bedürfnisse deiner Zielgruppe eingehen und die Themen schon weit im Voraus planen. Damit hast du auch ausreichend Zeit für Recherche und die Möglichkeit Gastbeiträge zu einzelnen Themen zu integrieren.

Ich verwende einen groben Redaktionsplan und habe mir für das ganze Jahr die Themen aufgelistet, über die ich schreiben möchte. Das gibt mir einen Rahmen, in dem ich mich bewege. Ich halte ihn allerdings so flexibel, dass ich ihn auch umschmeiße, sobald mich ein anderes Thema mehr interessiert oder ich das Gefühl habe, ein anderer Inhalt könnte nützlicher für meine Leser sein.

2. Du baust Vertrauen auf

Vertrauen aufbauen ist ein langfristiger Prozess. Das passiert nicht von heute auf morgen. Es ist notwendig, die andere Person kennenzulernen. Zu wissen, welche Meinung sie vertritt, was sie zu sagen hat.

Um aus der Masse herauszustechen - dann spielt neben dem Inhalt natürlich auch die Regelmäßigkeit eine entscheidende Rolle.

Du wirst es von dir selbst kennen. Jemanden, dessen Texte du nur alle heiligen Zeiten zu Gesicht bekommst, wird voraussichtlich sehr bald von deinem Radar verschwinden. Irgendwann wirst du den Schreiber nicht mehr wahrnehmen.

Deinen Lesern geht es genauso. Tauchst du nur nach Lust und Laune aus der Versenkung auf, wirst du kaum wahrgenommen.

Bist du aber wie ein Leuchtturm, der immer da ist und immer leuchtet, dann wirst du zu einem fixen Bestandteil deiner Zielgruppe. Bist du zusätzlich auch noch so pünktlich wie die Uhr, dann strahlst du Verlässlichkeit und Sicherheit aus.

3. Du sparst Zeit

Als ich begonnen habe Blog-Artikel zu schreiben, benötigte ich insgesamt sage und schreibe 8 Stunden für einen Text, bis er endlich erschienen ist. Und das über mehrere

Tage verteilt. Du kannst dir vorstellen, dass ich bei diesem enormen Aufwand nicht sehr viele Artikel fertig bekam.

Nur war das für mich so unheimlich wichtig, weil ich meinen Kundinnen eine Wissensdatenbank geben wollte.

Also musste es schneller gehen.

Ich begann mir einen genauen Plan zu erstellen über jeden einzelnen Schritt. Von der Recherche bis hin zur Verteilung in den sozialen Medien. Und genau nach diesem arbeitete ich in Folge meine Artikel ab. Und siehe da, bereits beim nächsten Blogbeitrag benötigte ich nur mehr 4 Stunden.

Bevor du dich aber jetzt voller Eifer ans Planen machst – warte noch kurz.

Denn es gibt einen ganz konkreten Punkt, der entscheidet, ob du überhaupt einen Plan zum Schreiben benötigst. Und wie detailliert er sein sollte.

Es hängt davon ab, welcher Schreibtyp du bist.

Welcher Schreibtyp bist du?

Schreibtyp: Der Drauflos-Schreiber

Es gibt jene Schreiber, die ganz ohne Plan schreiben. Sie setzen sich hin und schreiben einfach drauf los. Zuviel Enge und Struktur hemmt ihre Kreativität, und daher kommen sie am ehesten in den Flow, wenn sie komplette Freiheit beim Schreiben haben.

Sehr oft entsteht der erste Text schon während der Recherche. Zwar schafft es dieser erste Entwurf oft nicht bis in die Endfassung, da der Drauflos-Schreiber seine Ideen während des Schreibens generiert.
Jean-Jacques Rousseau gehörte zu diesem Schreibtyp.

Er setzte sich vor sein leeres Blatt Papier und ließ es fließen. Ohne wohlüberlegten Plan.

Wenn du zu dieser Gattung gehörst, dann hat diese Arbeitsweise den Vorteil, dass deine Texte sehr individuell und intuitiv erschaffen werden. Wenn du so richtig ins Schreiben kommst und Flow entsteht, dann kann dir schon so manch „Geniestreich“ gelingen.

Der Nachteil ist der sehr hohe Zeitaufwand, den diese Art des Schreibens benötigt. Da die Gefahr besteht sich zu verzetteln und sich der Text in viele verschiedene Richtungen gleichzeitig entwickelt, ist es oft schwierig den roten Faden zu behalten und eine angemessene Gliederung zu erstellen.

Schreibtyp: Der Planer

Ich kenne viele Blogger und Schriftsteller, die sehr stark nach Plan arbeiten. Dieser Plan gibt ihnen Sicherheit und Struktur. Sie wissen genau was sie, wann und wie schreiben sollen.

Es kann ein zeitlicher und themenspezifischer Plan sein, ein sogenannter Redaktionsplan. In diesem werden die Themen oft schon für das ganze Jahr im Vorhinein geplant. Die Termine stehen fest und werden nur in Extremsituationen verändert.

Geplant kann auch die Struktur des Textes werden. Es wird sehr detailliert recherchiert, eine Gliederung erstellt und zu jedem Gliederungspunkt Unterpunkte gesammelt.

Nach diesem Schema arbeitete zum Beispiel Émile Zola. Bei der Arbeit zu seinen Romanen hat er sich für jede Figur eine Personalakte angelegt und die Charaktere Schritt für Schritt erarbeitet.

Der Vorteil liegt hier ganz klar im Ablauf und der Struktur.

Du als Schreiber hast eine sehr genaue Vorstellung von den Inhalten und kannst daher sehr zügig deinen Text schreiben. Ein weiterer Vorteil ist, dass die Planer sehr zielgruppenorientiert schreiben und selten den roten Faden verlieren.

Ein Nachteil kann entstehen, wenn du deiner Kreativität zu wenig Spielraum gibst. Die Gefahr ist, dass du dann nicht nur planst, sondern überplanst und dadurch die Lebendigkeit des Textes verloren geht.

Schreibtyp: Mischform

Ich selbst zähle mich eher zu den Mischformen mit Tendenz zur Drauflosschreiberin. Ich habe einen ungefähren Plan, mache mir vorab auch eine grobe Struktur. Allerdings wird diese dann sehr oft beim Schreiben über Bord geworfen. Meine Ideen entstehen im Prozess und oft genug lande ich plötzlich ganz woanders als ursprünglich geplant.

Wohl ist es wie so oft – die Reinformen kommen selten vor. Bei manchen hängt es von der Tagesverfassung ab oder auch von der Schwierigkeit des Textes, ob sie sich an einen Plan halten oder nicht.

Andere wiederum machen sich einen Plan, verwerfen ihn aber auch gerne, um auf ihre Intuition zu hören oder den Text einer aktuellen Situation anzupassen.

Goethe zum Beispiel hat auch zu den Mischformen gehört. Während Werther einfach aus seiner Feder floss, hatte er bei Faust einen sehr konkreten Plan entworfen.

Auch wenn du sehr oft hörst, dass du unbedingt einen Plan benötigst, kann es sein, dass es für dich aber so gar nicht passt. Denn auch wenn eine klare Struktur viele Vorteile mit sich bringt, kann es sein, dass dich ein Plan so sehr einschränkt und die Kreativität zur Qual wird. Es hängt sehr stark von deiner Individualität ab, ob du mit einem Plan arbeiten kannst und willst.

Aufgabe des Tages:

Da du in einigen Tagen an deinen eigenen Text gehst, kannst du heute mit den Vorbereitungen beginnen und wenn du magst, den Prozessplan nutzen. Gehe Punkt für Punkt durch und überlege, ob der jeweilige Prozess für dich wichtig ist.

In deiner Arbeitsmappe (www.evalaspas.at/arbeitsmappe) als Arbeitsblatt Nr. 11 findest du ein Beispiel inkl. eines Blankoformulars.

Ich freue mich, wenn du uns auf unserer FB-Gruppe erzählst, ob du eher ein/e „DrauflosschreiberIn“, ein/e „PlanerIn“ oder ein „Mischtyp“ bist! Ich freue mich auf deinen Post.

Deine Silvia Chytil,
www.silviachytil.com

12. Tag: Die Kunst Ideen zu produzieren

Diesen Beitrag haben dir
Stella Damm & Petra Czanik erstellt.
www.solebenwieichwill.com

Wie viele Ideen hast du an einem Tag? Ideen für neue Unternehmungen, Geschenke, Reiseziele, für gewitzte Problemlösungen, tolle Texte, begeisternde Formulierungen?

Vermutlich jede Menge – wir hoffen, du schreibst sie auf und sammelst sie, um sie später durchzuschauen und auszusortieren. Ideen kommen gern und oft von selbst, nebenher, per freier Assoziation.

Während wir einen Blogartikel schreiben, liegt meist ein Zettel rechts von der Tastatur, auf dem am Ende 3 oder 5 oder sogar mehr Ideen für weitere Artikel stehen.

Diese Ideen stammen aus Absätzen, die wieder gelöscht werden, weil sie zu weit führen würden, aus Formulierungen vom Titel-Brainstorming, aus Gedanken, die in diesen Artikel nicht hineinpassen.

Nicht alle werden geschrieben, nicht alle sind von vornherein gut oder originell – aber es sind Ideen. Das Rohmaterial, aus dem alle weitere Arbeit entsteht. Und manche werden zu etwas ganz anderem: zu einem Download, einem Kurs, einer Challenge.

Dankbar für jede Idee

Wir sind dankbar für jede dieser Ideen, die so „von selbst" kommen, und vermutlich geht es dir ähnlich – und wenn du es nicht schon tust, dann raten wir dir sehr, jede einzelne dieser Ideen, egal wie abwegig, verrückt, illegal oder absurd, zumindest zu notieren.

- Erstens: Wer weiß, wofür sie später gut ist, und

- zweitens: Wenn du einen Teil deiner Ideen gleich verwirfst und ablehnst, werden es immer weniger, und sie werden immer langweiliger. Nichts kann deine Kreativität so schnell zum Versiegen bringen wie Abwertung. Auch wenn sie von dir selbst kommt.

Erst recht gilt das, wenn du gezielt Ideen brauchst und keine Zeit hast abzuwarten, bis eine vernünftige Auswahl davon „von selbst" kommt.

Gezielt Ideen produzieren

Beim gezielten Produzieren von Ideen blockieren wir uns ganz leicht selbst, weil wir dann meist den bewertenden, kritischen, prüfenden Teil unseres Verstandes eingeschaltet haben. Und der verträgt sich ganz schlecht mit unserer Kreativität.

Falls du je in Meetings Brainstormings mitgemacht hast, dann weißt du, dass vor Beginn immer gesagt wird: „Alles gilt, nicht zensieren, sagt einfach alles raus, was Euch einfällt, es geht erstmal um die Menge der Ideen, und dann sortieren wir sie" – und dann weißt du auch, dass gerade in Meetings trotzdem alle ihre Ideen zensieren, sich nicht wirklich trauen, echten Quatsch rauszurufen, und dass am Ende solcher Brainstormings meistens nicht mehr als 12 recht langweilige, konventionelle Ideen auf dem Flipchart stehen.

Warum?

Ganz einfach: Weil wir Angst haben, uns zum Narren zu machen. Weil wir nicht verurteilt werden wollen von den anderen, nicht als doof dastehen wollen vor Kollegen. Weil uns der Rotstift aus der Schule immer noch in den Knochen sitzt, und wir (die meisten von uns) dazu erzogen worden sind, Fehler zu fürchten wie den Teufel. Und weil wir deshalb nicht wagen, den kritischen Teil in uns kurz vor die Tür zu schicken.

Die Angst vor Fehlern und davor uns lächerlich zu machen, ist nicht nur ein tonnenschwerer Klotz am Bein, wenn es darum geht, etwas Neues zu lernen (denn ohne alle möglichen Dinge falsch zu machen lässt sich nichts lernen) – sie ist auch eine Bremse für Kreativität.

Wenn wir Angst haben etwas falsch zu machen, dann bleiben wir im Altbekannten, im Bewährten und Konventionellen stecken und wagen nicht, darüber hinaus zu denken. Doch genau darum geht es, wenn du kreativ sein willst – ob du einen Text schreibst oder die Lösung zu einem Problem suchst, das dich beschäftigt.

Wenn du tolle Ideen produzieren möchtest, dann musst du durch die Schicht der naheliegenden Einfälle dringen, denn das, was dir ohnehin immer einfällt, die gewohnten und bewährten Dinge, die sind offensichtlich nicht die „Lösung", sonst wärst du ja nicht auf der Suche nach Ideen.

Und du musst durch deine eigenen Tabus hindurch, durch innere Verbote, durch „das tut man nicht" und „das geht doch nicht" und oft auch durch die klebrige Schicht von „Realismus", die dich abhalten will davon, irgendetwas substanziell Neues zu produzieren.

Und du musst bereit sein, Dutzende unsinnige, blöde, unrealistische, gefährliche, amoralische Ideen zu produzieren, zuzulassen und aufzuschreiben, bevor du deine Bewertungsinstanz wieder einschaltest.

Das kann Angst machen – Gedanken und Ideen sind schließlich der erste Schritt zu etwas, das Wirklichkeit wird, und vieles von dem, das dir einfällt, willst du in deiner Wirklichkeit nicht haben. Verstehen wir.

Aber illegale, unmoralische oder gefährliche Ideen sind nur gefährlich, wenn du sie auch umsetzt, und dazu zwingt dich niemand – und die, die deinem Verstand dann später viel zu gewagt sind, sind schnell wieder durchgestrichen. Durchstreichen ist ok – solange das Timing stimmt.

Wie legst du deine Angst vor dem „Falschmachen" ab? Wie kannst du üben, den bewertenden Teil deines Verstandes für den Moment abzuschalten?

- **Erstens**: Mach dir selbst und diesem Bewerter-Teil klar, dass er ohnehin bald wieder gebraucht wird. Nur nicht jetzt. Sein Beitrag ist wertvoll und wichtig – zur richtigen Zeit.

- **Zweitens**: Tu was du kannst, um an Spiel, Spaß und Lebensfreude anzudocken. Sieh die Ideenproduktion nicht als Aufgabe, als Punkt auf der To-Do-Liste, sondern als Pause, als Erholung, als spielerisches Intermezzo, in dem du dein inneres Kind an die frische Luft lassen kannst.

- **Drittens**: Trockentraining

Dazu haben wir zwei Anregungen, die du heute umsetzen kannst.

Übung 1: Tabus brechen (das ist nicht die Aufgabe des Tages!)

Mach einmal einen Tag lang alles Mögliche „falsch". Räum den Geschirrspüler so ein, wie du mit absoluter Sicherheit weißt, dass er nicht eingeräumt werden soll, schick ein E-Mail ab, in dem ein Wort fehlt, oder ein SMS, das durch die Autokorrektur völlig verunstaltet wurde.
Oder mach die Dinge anders als sonst. Brich ein paar innere Tabus, und schau einfach, ob etwas Schreckliches passiert. Zieh dich in einer anderen Reihenfolge an, iss etwas zum Frühstück, das du sonst nie zum Frühstück isst, Vanilleeis zum Beispiel oder Würstchen mit Senf. Mach ein Mittagsschläfchen, wenn du sonst nie eins machst, oder lass es aus, wenn du es sonst immer machst. Du weißt schon, was wir meinen – wir haben alle innere Verpflichtungen und strenge Verhaltensregeln und Gewohnheiten,

die vermutlich sinnvoll sind. Die sich aber ohne weiteres für einen Tag außer Kraft setzen lassen.

Vielleicht bringt dich das durcheinander.

Das ist gut. Durcheinander sein ist sehr förderlich für deine Kreativität!

Übung 2: Ein Gegenstand, hundert Ideen
(das ist auch nicht die Aufgabe des Tages ,-)!

Vielleicht kennst du diese Übung schon. Es geht darum, sich für einen beliebigen Alltagsgegenstand möglichst viele Verwendungsmöglichkeiten auszudenken. Sie ist aus gutem Grund ein Klassiker im Kreativitätstraining, weil sie dein Denken öffnet und vom Naheliegenden weglockt.

Versuchs mal im Kopf mit einem Bleistift. Was kannst du damit tun außer zu schreiben oder zu zeichnen?

Genau.

- Jeans durchlöchern,
- Papier durchlöchern,
- als Brennholz verwenden,
- Löcher in die Erde stechen, um Setzlinge einzupflanzen;
- ihn als Handkatapult verwenden und eine Papierkugel damit durchs Zimmer schießen;
- ein Loch in der Wand zustopfen;
- den SimCard-Auswurf betätigen,
- ihn als Verlängerung deiner Hand verwenden, wenn du etwas unter dem Sofa hervorholen möchtest,
- den Stift nach jemandem werfen, der dich verärgert hat,
- ihn als behelfsmäßigen Griff verwenden, um ein sperriges Paket zu tragen,
- ihn als Spule einsetzen, um Faden oder Draht aufzuwickeln.
- Wenn du zwei hast, kannst du stricken,

- wenn du Hunderte hast, kannst du mit ihnen Kathedralen-Modelle oder kleine Blockhütten bauen,
- oder sie, in unterschiedliche Längen gespitzt, aufgestellt so aneinanderreihen, dass die Spitzen eine Dünenlandschaft ergeben.
- Du kannst mit der Spitze Akkupressurpunkte bearbeiten,
- den Stift oder einen Teil davon irgendwo einklemmen, wo etwas locker ist,
- du kannst den Stift in kleine Scheibchen schneiden und daraus Muster legen,
- den ganzen Stift durch den Spitzer jagen und aus den wunderschön gewellten Spänen eine Collage machen oder vielleicht sogar, mit viel Klebstoff und Geschick, eine kleine Skulptur.

Zuerst fallen dir wahrscheinlich recht konventionelle, nützliche, praktische Dinge ein, und Dinge, die du schon irgendwann mal mit einem Bleistift gemacht hast – vielleicht als Kind, als deine Nasenlöcher klein genug waren, um einen Bleistift rausbaumeln zu lassen.

Wenn die alle heraußen sind, kommt eine Phase, in der dir nicht allzuviel einfällt – bitte gib jetzt nicht auf. Denn in dieser Phase (du kannst währenddessen Wäsche aufhängen oder Blumen gießen) arbeitet dein Gehirn daran, wirklich neue Ideen zusammenzustellen. Etwas anderes zu tun, das nicht viel geistige Aufmerksamkeit erfordert, kann dabei die Ideenproduktion anfeuern.

Du kannst dir die Ideenproduktion mit strukturierten Fragen noch erleichtern – in deiner Arbeitsmappe auf Arbeitsblatt Nr. 12 (www.evalaspas.at/arbeitsmappe) findest du Fragen, die wir genau für diese Übung zusammengestellt haben.

Aufgabe für heute:
Nimm dir einen Gegenstand her, der in deiner Nähe ist, den du anfassen, in den Fingern herumdrehen und mit dem du spielen kannst, und versuche, ob du auf 30 Ideen kommen

kannst. Sehr wahrscheinlich werden es eher doppelt so viele.

Je einfacher der Gegenstand ist, umso besser – also lieber ein Gummiring, eine Büroklammer oder ein Glas als ein Radiowecker oder deine Waschmaschine.

Wenn du fertig bist, gib dir einen Punkt für jede konstruktive, sinnvolle, praktische Idee. 5 Punkte für jede ausgefallene und witzige Idee, und 10 Punkte für jede illegale, gemeingefährliche oder vollkommen undurchführbare.

Warum? Weil es bei dieser Übung unter anderem darum geht, dich zu belohnen für Absurdes, fürs Zulassen unmöglicher Ideen, fürs mutige Brechen von Tabus.

Und poste doch deinen Punktestand in der **Facebook-Gruppe**!

PS. Die Gegenstand-Übung kannst du immer wieder machen, wenn du dein kreatives Denken in Fluss bringen willst. So nebenbei wird sie deine Fähigkeit bei kleinen Haushaltsnotfällen zu improvisieren ordentlich vorantreiben.

Ein Geschenk für dich:
Oft ist es auch Kritik, Abwertung oder Beurteilung von außen, die deine Kreativität dazu bringt, sich gekränkt zurückzuziehen. Wenn du Lust hast, dich zu immunisieren gegen solche Verunsicherungen, dann ist unsere Phantasiereise „**Mein persönlicher Schutzschild**" genau richtig für dich: Hier kannst du sie kostenlos herunterladen.
http://www.solebenwieichwill.com/goodies/schutzschild/

Viel Spaß und unheimlich viele Ideen wünschen wir dir!

Eure Stella Damm & Petra Czanik
www.solebenwieichwill.com

13.Tag: Heute geht es ans Korrigieren

Achtung: Für Tag 17 wäre es fein, wenn du in deinem Umfeld einen Partner findest. Es geht darum, dass eine Person, idealer Weise aus deiner Zielgruppe, die dein Angebot kaum kennt, deinen Text liest und die Fragen auf dem von uns gelieferten Fragebogen beantwortet.

- Vielleicht möchtest du gleich heute mit der Organisation eines Partners beginnen?
- Wenn du lieber ein Feedback vom Profi haben möchtest, dann stehe ich dir zur Verfügung. Ein spezielles Angebot nur für BuchleserInnen, schicke ich dir automatisch zu, 13 Tage nachdem du dir die Arbeitsmappe geholt hast.

Und jetzt ist es soweit. Es geht an den Feinschliff. Das ist heute ein wichtiger Tag.

Die Aufgabe dauert etwas länger. Du musst natürlich damit nicht heute fertig werden. Korrigieren ist ein Prozess, der darf schon einige Tage dauern.

Nicht zu kurz und aber auch nicht zu lange.

Texte schreiben ist fast leichter als sie dann zu korrigieren. Beim „Feinschliff" geht es um all die Werkzeuge, die du dir in den letzten Tagen erarbeitet hast.

Plus: Du lernst loslassen.
Ganz am Anfang meiner Schreibkarriere war es für mich gar nicht so leicht, Satzteile, ganze Sätze oder gar Teile des Artikels zu streichen.

Sie waren wie Kinder, die ich nicht gehen lassen wollte. Zuerst erkannte ich gar nicht, was eigentlich „zu viel" war. Das lernte ich durch meine damalige Chefredakteurin, sie zeigte mir, was „kürzen“ ist: Den Kern von unnötigem Tand befreien.

Den Kern sichtbar machen. So, dass er im Licht erstrahlen kann.

So geht es Bildhauern. Sie entfernen vom Marmor alles, was nicht zur Skulptur gehört.

Beim Texten ist es so, dass wir unsere Kernaussage unheimlich gut in einem Wust von Worten verstecken können.

- Wenn wir selber nicht klar sind, was wir sagen möchten.
- Wenn uns unser eigenes Angebot noch nicht ganz klar ist.
- Wenn ein Teil in uns noch nicht bereit ist, sich im Außen zu zeigen.

Aufgabe:

Das ist heute der erste Schritt: Du befreist deinen Text von allem, was nicht wichtig ist.

Dabei verwendest du alle Werkzeuge, die du bis heute schon gesammelt hast. Nur die Reihenfolge ändern wir ein bisschen.

Hier habe ich dir eine kleine Checkliste gemacht:

- Wende die Überprüfungen von Tag 4 an.
- Verwende Worte, die die Sinne ansprechen (Tag 2).
- Kurze Hauptwörter (Tag 6).
- Streiche alle Eigenschaftswörter, außer sie sind unbedingt nötig (Tag 7).
- Kurze lebendige Tunwörter (Verben), richtiges Tempo (Tag 8).

Bei den Arbeitsbögen (www.evalaspas.at/arbeitsmappe) im Arbeitsblatt Nr. 13 habe ich dir noch eine große Checkliste für die allgemeine Textüberarbeitung hinterlegt.

Nimm dir nun deinen 800-Zeichen-Rotkäppchen-Text.
Und los geht es!

Habe viel Spaß heute bei deiner Aufgabe. Du kommst deinem Ziel ein großes Stück näher!

Viel Spaß bei deiner Aufgabe heute!

14.Tag: Keine Angst vor dem leeren Bildschirm mehr

Diesen Beitrag hat Franz Grieser für dich geschrieben.
www.der-schreib-coach.de

Ein leerer Bildschirm oder ein leeres Blatt Papier ist für viele eine große Hürde. Sie unternehmen zig Anläufe, schreiben etwas, sind unzufrieden damit und löschen das Geschriebene sofort wieder. Und mit jeder Viertelstunde, die man unproduktiv verbringt, sinken die Stimmung und das Selbstvertrauen.

Ich verdiene seit 30 Jahren meinen Lebensunterhalt mit dem Schreiben. Und ich kenne diese frustrierende Zeit vor dem Bildschirm. Ich habe im Lauf der Zeit einiges ausprobiert. Was mir – und meinen Schreibcoaching-Klienten – immer hilft mit dem Schreiben anzufangen und dann auch im Schreiben zu bleiben, sind:

Die 4 W als Starthilfe
Ich empfehle als ersten Schritt beim Schreiben die 4 W-Fragen. W-Fragen kennst du wahrscheinlich schon aus dem Schulunterricht, und wahrscheinlich hast du auch schon davon gehört, dass sie im Alltag von Journalisten eine wichtige Rolle spielen.

„Meine" 4 W-Fragen sind ein wenig anders als die journalistischen. Sie haben aber den gleichen Zweck: Sie helfen dir, ins Schreiben zu kommen, und sie dienen als Gedankenstütze, damit du nichts Wesentliches vergisst.

Das Wichtige dabei ist: Schreibe die Antworten auf, sich die Antworten nur zu denken, reicht nicht. Ich notiere mir immer am Anfang eines Dokuments die Antworten auf die 4 W-Fragen. So kann ich, wenn ich öfter an dem Dokument arbeite, bei jedem Öffnen noch einmal die 4 Punkte lesen.

Und der Trick beim Aufschreiben: Du hast gleich was auf dem Bildschirm (oder dem Blatt Papier) stehen, er ist nicht mehr leer.

Die 4 W-Fragen lauten:

1. Für WEN schreibe ich?

Wer soll das lesen?
Ich empfehle, diesen Punkt zu teilen:

- Schreib erst einmal auf, wer die Zielgruppe ist? Betonung auf „Gruppe". Also zum Beispiel „Yoga-Interessierte; Menschen, die zeichnen/singen/tanzen/ lernen wollen;
- Dann suche dir eine Person aus der Zielgruppe, die du etwas besser kennst, und schreib ihren Namen auf. Stell dir beim Schreiben dann vor, dass du genau für diese Person schreibst. (Hast du schon dir Übung von Tag 9 gemacht?)

2. WAS bringt der Text dem Leser?

Warum soll der Leser sich die Zeit nehmen, deinen Text zu lesen? Was hat er oder sie davon? Mach das ruhig ausführlich.

Und überprüfe, wenn der Text fertig ist, ob du diese „Versprechen" auch eingehalten hast.

3. WIESO schreibe ich den Text?

Was willst du für dich mit dem Text erreichen? Du wirst je nach Text einige Zeit mit dem Schreiben verbringen, da braucht es schon einen guten Grund. Nimm dir etwas Zeit, deine Motivation zu erforschen und etwas tiefer zu graben.

Wenn die erste Antwort zum Beispiel lautet „Blogbeitrag #6 schreiben, damit er endlich geschrieben ist“, dann ist das als Motivation etwas dünn. Frag dich dann, was dahinter steckt: „Wenn der Beitrag endlich geschrieben ist – was ist damit gewonnen? Was habe ich dann erreicht?“ Und dann frag noch einmal weiter: „Wenn ich ... erreicht habe, was habe ich damit gewonnen?“ Grab ruhig etwas tiefer.

Noch ein Tipp: Wenn du später beim Schreiben mal hängen bleiben solltest, dann lies dir noch einmal deine Antwort auf die WIESO-Frage durch. Es hilft, sich gelegentlich wieder daran zu erinnern, warum man das tut, was man gerade tut.

4. WAS muss alles rein?

Notiere dir erst einmal unstrukturiert, was alles im Text stehen soll. Stichpunktartig. Wenn dir schon Formulierungen einfallen: Schreib sie auf.

Dann lies die Notizen durch. Ergänze, was noch fehlt.
Lies sie noch einmal durch und fang dann an, die Punkte in eine sinnvolle Reihenfolge zu bringen.

Die Aufgabe für heute
Schreibe nun auf einem weißen Blatt – für deinen eigenen (Firmen)Text – die Antworten auf deine 4 W-Fragen.

Diese Vorbereitung brauchst du morgen – da geht es dann echt an deinen Text. ,-)

Viel Erfolg.
Franz Grieser
www.der-schreib-coach.de

Dritte Woche:

Dein Text unter der Lupe

15.Tag: Dein eigener Text

Nun ist es soweit – du hast alle Werkzeuge in der Hand, die du für dein Handwerk brauchst.

Sicherlich bist du schon aufgeregt *freu* und möchtest das Gelernte umsetzen.

Das steht heute endlich auf dem Plan.

Aufgabe:
Heute geht es an deinen eigenen Text.

Dazu brauchst du:

- Dein Sinneswörterbuch (Tag 2)
- Deine Spürnase für die Satzproduktion (Tag 4)
- Türme, Tu-nicht-gut und Bewegung (Tag 6, 7 und 8)
- Die Kernaussage (Tag 9)
- Dann brauchst du die Entscheidung „Planung oder keine?“ von Silvia Chytil (Tag 11)
- Und die Kunst der ungehemmten Ideenproduktion von Stella Damm (Tag 12).
- Und den „Mut“ sowie die 4 W-Fragen für das weiße Blatt von Franz Grieser (Tag 14).

Schreibe heute deinen Text. A**ber OHNE den Titel**. Mach dir für den Titel noch keinen Kopf, dazu bekommst du dann morgen von Bella Bley die Info, wie du einen genialen Titel für deinen Text findest.

Falls dir schon einer einfällt, dann notiere ihn dir natürlich trotzdem ,-)!

Heute ist also wieder ein längerer Tag.
Du schreibst deinen eigenen Text – für dein Firmenangebot.

Setze die Bausteine der letzten 14 Tage zusammen und schreibe los.

Lass dann den Text liegen – du weißt ja, er muss ruhen.

Morgen geht es dann weiter ...

Wenn du Lust hast, dann erzähle uns in der **FB-Gruppe** über deinen Schreib-Prozess.

- Was fiel dir besonders leicht?
- Was möchtest du noch mehr üben, weil es dir nicht so leicht von der Hand ging?

Viel Spaß heute bei deinem großen Tag!

ıag: Titel, die Interesse wecken

Diesen Beitrag hat Bella Bley für dich geschrieben.
www.bella-bley.com

5 Sekunden – und du hast einen Leser gewonnen oder ihn für immer verloren.
5 Sekunden, um Aufmerksamkeit zu gewinnen!

Wenn es in dieser Zeit nicht gelingt, gelingt es nie.

Titel, Schlagzeilen und Überschriften sind das Erste, was Leser von deinem Text wahrnehmen. Sie springen entweder ins Auge oder sie werden schlicht übersehen. Erregen Titel und Schlagzeilen Aufmerksamkeit, wecken sie Neugier oder versprechen sie Antworten auf Rätsel und ungelöste Probleme, ziehen sie Interesse an.

Tun sie nichts dergleichen, fallen sie durch die Maschen der selektiven Wahrnehmung und der Folgetext wird nie gelesen. Dann bleiben deine prickelnden Geschichten und revolutionären Erkenntnisse unentdeckt. Wie schade! Es gibt also Sinn, dem Titel besondere Aufmerksamkeit zu widmen.

- Was ist ein guter Titel?
- Welche Funktionen sollen Überschriften erfüllen?
- Wie schreibt man Schlagzeilen, die zum Weiterlesen einladen?
- Gibt es Muster und Methoden, um zugkräftige Titel und Headlines zu texten?

Schlagzeilen und Überschriften für Artikel, Sachtexte und Ratgeber

Artikel, Sachtexte und Ratgeber haben ein Ziel: Lösungen für Probleme liefern. Mit der Überschrift steht und fällt der ganze Text. Die Überschrift ist der erste – und vielleicht der letzte – Eindruck, den ein Leser von deinem Text gewinnt.

Wenn die Überschrift nicht zieht, wird der Text erst gar nicht gelesen. Headlines für Blogartikel, Werbetexte, Ratgeber oder Sachbücher sollen im Wesentlichen 10 Funktionen erfüllen.

10 Funktionen einer Headline

- Die Aufmerksamkeit des Lesers erregen
- Den Leser einer bestimmten Zielgruppe zuordnen
- Neugierig machen
- Die Lösung eines Problems versprechen
- Nutzen und Vorteile präsentieren
- Eine umwerfende Idee vorstellen
- Glaubwürdigkeit schaffen
- Ein Angebot machen
- Den Leser herausfordern (um Interaktion – Dialog zu provozieren)
- Und ihn zum Weiterlesen animieren

Natürlich lassen sich nicht alle 10 Punkte in einer Überschrift unterbringen. Achte deshalb darauf, dass deine Überschrift Dringlichkeit erzeugt, einzigartig ist und Vorteile verspricht.

- **Dringlichkeit erzeugt:** Der Leser soll das Gefühl haben, dass er etwas verpasst, wenn er den Folgetext nicht liest
- **Einzigartig ist:** Wenn in deiner Überschrift steht, was überall geschrieben steht, wird der Leser denken, er weiß schon Bescheid und kann sich die Mühe des Weiterlesens sparen
- **Nutzen und Vorteile präsentiert:** Die Schlagzeile fungiert als Köder. Ein Leser fragt sich immer: Was ist für mich drin? Deshalb sollte ihm die Überschrift bereits einen Vorgeschmack auf die Vorteile liefern, die er durch das Lesen des Textes erwarten darf.

Wann schreiben Texter, Blogger und Journalisten die Schlagzeilen ihrer Artikel, Ratgeber und Sachbücher?

Meine Vorgehensweise ist folgende: Ich verpasse meinem Artikel bzw. Ratgeber am Anfang immer einen Arbeitstitel. Der legt die Textsorte (z.B. List-Post-Artikel) fest und kreist Thema und Inhalt ein, damit ich mich beim Schreiben dann nicht total verfranze.

Dann schreibe ich den Text. Währenddessen fallen mir alternative Titel und Ideen ein, die ich mir notiere.

Am Ende kann ich aus der Auswahl die Schlagzeile basteln, die im besten Fall ein Knüller ist. Die Alternativen helfen häufig in Form von Zwischenüberschriften, den Fließtext in verdauliche Häppchen zu gliedern und inhaltlich zu schärfen. Im Idealfall scannt ein Leser Schlagzeile und Zwischenüberschriften und erkennt, wohin die Reise geht.

3 Methoden für prickelnde Überschriften

- *Die „Wie du …“ bzw. „So …“-Überschrift.*

„Wie du mit Facebook neue Kunden gewinnst“
„So nehmen Sie gesund ab und nie wieder zuviel zu“

„Wie du …“ bzw. „Wie Sie …“ und „So …“ zählen zu den simpelsten Arten, knackige Headlines zu texten und sind dabei pure Magie. Sie liefert dem Leser das Versprechen, im Text die Lösung seines Problems zu erfahren. Das weckt die Neugierde und verspricht einen eindeutigen Nutzen.

- *Die Zahlen-Überschrift oder List-Post genannt*

„7 Tipps, um mehr Kunden zu gewinnen“
„5 Schritte zum perfekten Webauftritt“
„3 Geheimnisse für unwiderstehlich straffe Haut“

Leser lieben Zahlen-Headlines. Sie wissen sofort, was für sie drin ist.
List-Post-Artikel sind auf diese Weise leicht zu schreiben, denn die Überschrift liefert den roten Faden.

- *Die News-Überschrift*

„Revolution Dermabrasion: Sag deinen Altersflecken ade"
„Vorgestellt: der neue Audi Q6 – Fahrberichte, Tests, Bilder"

Du hast Neuigkeiten zu berichten, pack sie in die Überschrift. Das ist die drittbeste Methode, Headlines zu texten. Neuigkeiten erregen Aufmerksamkeit, stimulieren die Neugierde und versprechen einen Vorsprung.

Tagesaufgabe:

Nun bist du dran:
Entwickle heute für einen eigenen 800-Zeichen-Artikel (den von gestern) je 5 Schlagzeilen zu den 3 Methoden.

Poste diese Titel dann in der **FB-Gruppe** – bitte nur die Titel, nicht den ganzen Artikel posten – für Feedback und Ratschläge.

Goody:
Für dich als BuchleserIn habe ich ein Goody vorbereitet:
Professionell Texten fürs Web – endlich mehr Webseitenbesucher
Der 11-Punkte-Plan, wie du für Mensch und Maschine schreibst, damit Leser deine Texte lieben und Suchmaschinen sie gut listen. **Hole es dir hier.**

Deine Bella Bley
www.bella-bley.com

17.Tag: Feedbackrunde

Diesen Beitrag hat dir Dunja Herrmann geschrieben.
www.Power-Feedback.com

Zu Beginn der 3. Woche haben wir dich ermutigt, einen Partner für die anstehende Gruppenarbeit zu finden. Solltest du keinen Partner gefunden haben, bitte einfach einen Nachbarn oder Freund, der dein Unternehmen nicht so gut kennt. (Oder nimm mein Angebot an, das ich dir per Mail zukommen habe lassen. Du bekommst es 17 Tage nachdem du deine Arbeitsmappe abgeholt hast.)

Ein Kaffee und ein Stück Kuchen haben schon Wunder bewirkt.

Lies dir nochmal deinen 800-Zeichen-Text durch. Nutze dazu deine Checkliste von Tag 13 (Auf Arbeitsblatt Nr. 13 und gehe Punkt für Punkt durch.

Aufgabe:
Bitte heute deinen „Partner“ deinen 800-Zeichen Unternehmenstext mittels des Feedbackbogens zu bewerten.

Diese Übung ist angelehnt an eine Unterrichtsmethode, die unter dem Namen „Textlupe“ bekannt wurde (Julia Bobsin in „Neue Sicht aufs Schreiben“). Dabei steht nicht das Korrigieren von Texten im Vordergrund, sondern das eigene Überarbeiten nach dem Feedback durch einen Leser.

Für das Feedback haben Eva und ich einen Fragebogen vorbereitet, den du in deiner Arbeitsmappe (Arbeitsblatt Nr. 17) findest. Dein „Partner“ liest jetzt deinen Text und beantwortet die Fragen auf den Feedbackbogen dazu. Mehr nicht.

Im Laufe des Tages bekommst du deinen Text zurück und erfährst unter anderem, ob ein Leser die Kernaussage erkannt hat oder was ihm noch unklar ist. Mit diesen Informationen kannst du in den nächsten Tagen an deinem Text so lange feilen, bis du zufrieden bist.

Noch ein kleiner Tipp, bevor du deinen Text losschickst:

- Lies ihn dir laut vor!
- Stolperst du beim Lesen an einer Stelle?
- Dann vereinfache sie und beseitige den Stolperstein!

Meine Erfahrung hat gezeigt, dass die Textstellen, bei denen ich selbst beim Lesen ins Stocken gerate, auch diejenigen sind, die meine kritischen Leser anmerken!

Viel Freude mit deiner Aufgabe für heute!

Deine
Dunja Herrmann
Qualitäts-Checkerin für Texte und Konzepte
www.power-feedback.com

PS: Angeregt durch den Austausch in unserer FB-Gruppe habe ich einen **Erste-Hilfe-Guide bei Schreibblockaden** verfasst, den ich dir als Geschenk hier anbiete. Ich bin gespannt, was du dazu sagst und freue mich über dein Feedback ;-)! Auch wenn du keine Schreibblockaden hast, kannst du von dieser Anleitung profitieren!

18.Tag: Wir nähern uns dem Finale!

Üben, üben und nochmals üben ist unumgänglich, wenn du gute Texte für dein Unternehmen schreiben möchtest.

Ein Tipp vom Profi:
Ideal ist, wenn du dir für deine Texte einen Ordner anlegst, wo du alle möglichen Textschnippsel aufbewahrst. Auch alle Texte, die du schreibst, ob für deinen Newsletter, für PR-Artikel oder Blogs. (Ja, ich weiß, da gibt es sicher auch ein Programm dafür – das zeige ich dir später einmal ,-).)

Für den Beginn reicht auch eine Schuhschachtel, schön gestaltet.
Oder einen Ordner im PC, in dem du alle deine Texte speicherst.

Das hat Vorteile:

- Du kannst relativ rasch reagieren, wenn dich ein Journalist nach einem Text fragt
- ... oder ein Bloggerkollege.
- Du hast nach einigen Monaten eine ansehnliche Sammlung an Texten, die einladen ein Buch zu machen ,-).

Aufgabe:
Ehe du aber zum großen Finale startest, übe nochmal beim Rotkäppchen-Text.

Nimm deinen 800-Zeichen-Rotkäppchen-Text, den du am Tag 13 nach allen Regeln der Kunst korrigiert hast.

Arbeite einen Text heraus, der 140 Zeichen hat.

Wieso 140 Zeichen?

Dein Angebot in 140 Zeichen braucht du z. B.:

- Auf Twitter
- Auf FB (Kurzangebot)
- Als Überschrift bei Pressetexten

Daher übe heute bei deinem Rotkäppchen-Text, wo du die Kernaussage herausarbeitest, die für dich das Wichtigste ist.

Schreibe 140 Zeichen und poste sie uns in unserer **FB-Gruppe**. Ich bin schon sehr neugierig auf deinen Rotkäppchen-Kurztext!!

So habe ich das für mich gelöst:
Ihre Verkäufe stagnieren? Ändern Sie das heute! a) Texte schreiben lassen. b) Selber schreiben, coachen lassen. c) Kurs Schreiben lernen buchen.

Freudiges Schaffen wünsche ich dir heute!

19.Tag: Die eigene Schreibstimme finden

Diesen Beitrag hat Almut Switalla für dich geschrieben.
www.almut-switalla.de

„Schreiben kann jeder“ sage ich immer und stoße damit manchmal auf eine gewisse Skepsis, die ich natürlich gut verstehen kann.

Wir alle wurden als kleine Dichter geboren. Aber wie so vielen unserer natürlich innewohnenden Ausdruckskräfte unterlag auch das Schreiben irgendwann einmal der äußeren Zensur. Die dann schließlich über die Jahre hinweg zur inneren Zensur wurde.

Und sind wir erst einmal von unserer inneren Schreibstimme abgeschnitten, fühlen wir uns verunsichert. Und meinen, die Regeln, die Methoden, die Grammatik und was es noch alles zu bedenken gibt, nicht zu beherrschen und verlieren dann tatsächlich die Lust und Freude am Schreiben.

Das ist natürlich sehr schade, denn:
Schreiben ist ein ganz großartiges Ausdrucksmittel, das uns nicht nur dabei hilft, uns im Außen mitzuteilen, sondern uns in vielerlei Hinsicht auch noch ganz andere großartige Dienste leistet. So lassen sich schreibend Probleme bewältigen und Herausforderungen lösen, Lebensthemen bearbeiten, komplexe Denkaufgaben bewerkstelligen.

Wir können Schreiben sehr gut im Selbstcoaching einsetzen und es auch dazu nutzen, uns selbst besser kennenzulernen und unser inneres Potenzial zu erschließen.
Um schreiben und Texte schreiben zu können, braucht

man zunächst erst mal gar keine Methodik. Diese kann dann im zweiten Schritt kommen. Für Menschen wie mich, die alles immer sehr intuitiv schreiben, spielt sie auch eher eine untergeordnete Rolle. In diesem Punkt unterscheiden wir Menschen uns ein wenig voneinander. Da gibt es die Introvertierten, die oft einen besonderen Zugang zum Schreiben haben, da gibt es die Extrovertierten, die lieber reden als schreiben. Es gibt die Drauflos-Schreiber und andererseits wieder die Planer. Einer braucht Schreibtechniken, Methoden und Anleitungen, der Andere eher nicht.

Aber egal, wie wir nun veranlagt sind, auf eines können wir alle unschwer verzichten, um gute, stimmige und authentische Texte zu schreiben: auf das schreibende Anknüpfen an unsere innere Stimme.

Denn nur wenn diese mit in unsere Schreibarbeit einfließt, werden wir den Leser mit unserem Text berühren können. Wird der Leser uns in unseren Texten erkennen, spüren oder kennenlernen können. Wenn wir unsere innere Stimme schreibend ins Außen bringen, können wir unsere Gedanken, unsere Gefühle, unser Wissen und unsere Erfahrungen transportieren. Und sie im Außen in Beziehung zueinander setzen.

Wir sprechen mit unserer inneren Stimme

Bevor wir Methodik, Schreibtechniken und Regelwerk in unseren Schreibarbeiten anwenden (die natürlich, je nach Schreibtyp oder auch Textart, ihre Berechtigung haben)., halte ich es also zunächst für wesentlich wichtiger, die Verbindung nach Innen herzustellen. Wir „sprechen" dann schreibend mit unserer inneren Stimme.

Und das erleichtert sehr vieles. Wir tragen ja eine Fülle an Ideen und Gedanken und an Wissen in uns, die wir uns lediglich zugänglich machen und auf das weiße Blatt Papier transportieren müssen. Wenn man sich das vor Augen hält, kann man begreifen, dass „Schreiben" eigentlich nichts ist, was man mühevoll erlernen muss.

Es ist bereits alles in uns da ... es braucht uns nur noch gelingen, eine gute Verbindung zu unserer inneren Stimme herzustellen. Ja, und das lässt sich tatsächlich üben.

Mit Gedanken beginnt es

Jeder Text beginnt zunächst mit Gedanken und Ideen. Hierbei halte ich es für wesentlich, dass man zunächst einmal eigene Gedanken entwickelt und diese notiert. Später fängt man an, Informationen aus anderen Texten und Quellen einzuholen. Sind die eigenen Gedanken und Ideen erst einmal notiert, besteht weniger die Gefahr, dass fremde Texte auf unsere eigene Schreib-arbeit und unseren Schreibstil abfärben.

Außerdem kommt man weniger in Versuchung, fremde Texte in eigene Worte umzuwandeln. Das geschieht auf Kosten der persönlichen authentischen Note und unterbricht auch der Kontakt zur inneren Schreibstimme.

Wie kann ich nun die Verbindung zu meiner eigenen Schreibstimme finden?

Eine ganz hilfreiche Praxis kann hier sein, dass wir immer wieder und immer öfter üben schreibend zu assoziieren. Wie das geht, beschreibe ich dir weiter unten in meinen Übungen für den heutigen Tag.

Es ist sinnvoll, sich eine kleine regelmäßige Schreibpraxis anzueignen. Das kann man tun, indem man täglich seine Gedanken, Wünsche, Vorstellungen, Probleme und all das, womit wir uns gedanklich täglich sowieso beschäftigen, einfach notiert und sich schreibend damit auseinandersetzt (statt eben nur gedanklich im Kopf).
Es sind alles Themen und Gedanken, die wir in uns tragen, und mit diesen lässt es sich wunderbar „arbeiten“. Sie bieten uns eine große Textfülle. Wenden wir uns ihnen schreibend zu, können wir zum einen viel besser zu Lösungen und guten Ideen finden, zum anderen aber knüpfen wir direkt an unsere innere Stimme an.

Somit üben wir ganz nebenbei, wie wir mit unserer inneren Stimme schreibend in den Ausdruck kommen. Hierfür kann man sich täglich abends oder morgens ein paar Minuten Zeit nehmen und ein Thema heraussuchen, was einen derzeit besonders intensiv beschäftigt. Schon bald wirst du merken, dass es auch äußerst wohltuend und entlastend ist, diese Gedanken zu Papier gebracht und dort angeschaut zu haben.

Ich selbst bin ein sehr naturverbundener Mensch und löse und bewältige überwiegend alle meine Aufgaben in der Natur. Auch die Gedanken für diesen Artikeln sind zwischen Wiesen und Bäumen bei Vogelgezwitscher entstanden. In der Natur betreten wir grenzoffenen Raum, durch die Stimmungen und natürlichen Impulse werden unsere beiden Gehirnhälften aktiviert. Unsere Ideen und Gedanken fangen an zu fließen. Blockaden lösen sich. Und ohne, dass wir uns besonders anstrengen müssen, finden wir den Zugang zu unserem Unterbewusstsein. Unsere innere Stimme fängt an zu uns zu sprechen.

Jetzt kommen Notizbuch und Stift zum Einsatz. Ich nenne es bei mir immer Schreiblaufen. Ich laufe los, und wie mir die Gedanken „erscheinen“ notiere ich sie. Und das ist wichtig, denn genau so schnell wie sie da sind, sind sie auch wieder verschwunden.
Meist kommen uns die Gedanken dann, wenn wir nicht am Schreibtisch sitzen. Kommen wir einmal körperlich in Bewegung, kommt auch Bewegung in unsere Gedanken.

Sehr oft sind bei mir ganze Artikel oder Kapitel für Bücher in der Natur entstanden. Fast täglich besuche ich während meiner Naturaufenthalte auch meine Schreibbank, die auf einer wunderschönen Streuobstwiese steht mit einem weiten Blick ins Land.

Dort komme ich zur Ruhe, die Stimmung der Natur wirkt auf mich, und ich kann meine innere Stimme gut hören.
Ja, und alles was ich höre, notiere ich. Setzte es in Beziehung zueinander, entwickle schriftlich kleine Dialoge

oder komplexe Gedankengänge. Und da ich alles so wie es auftaucht notieren kann, schaffe ich Platz für neue Gedanken. Und erfahre, wenn zum Thema genug notiert ist, eine wohltuende, innere Ruhe, die hilft, dass weitere Ideen und Gedanken nach außen fließen können.

Am Schreibtisch schreibe ich das Wenigste, dabei schreibe ich mitunter sehr viel. Hier schaue ich mir meine Notizen durch und formuliere sie in einen Text, den ich dann in den PC tippe. Der Rohtext aber entsteht bei mir fast immer an anderen Orten ... In der Natur, manchmal auch in der Küche beim Backen, bei der Gartenarbeit oder unterwegs ... Stift und Notizbuch sind also immer dabei. Wenn es dir nicht möglich ist, z. B. während der Arbeit, einen anderen Ort aufzusuchen, wo dir äußere harmonische Impulse zum Gedankenfluss verhelfen können, können auch oft ganz einfach ein geöffnetes Fenster helfen, eine gute Tasse Tee, ein paar Entspannungsübungen, ein wenig Bewegung.

Die innere Stimme

Ich empfehle auch immer, schreibend die Verbindung zur inneren Stimme herzustellen, sich vorzustellen, man sitzt mit Freunden, Kollegen, Frauen etc. (also denjenigen, an die sich der Text wenden soll) am Tisch und plaudert.

- Was würden diese Leute sagen, fragen, erzählen?
- Was würde ich ihnen sagen?
- Worüber sie informieren?
- Welche Antworten geben wollen?

Und genau das, was wir sagen würden, können wir nun aufschreiben.

Auf diese Art und Weise hat mal eine Autorin, die ich begleitet habe, ein ganzes Buch geschrieben. Sie hat sich jeden Morgen gedanklich mit ihren Leserinnen an einem Tisch zu einer kleinen Teerunde versammelt und sich mit ihnen unterhalten. Über das Gespräch hat sie Protokoll geführt und somit ihren Stoff, den sie täglich im Buchtext verarbeiten wollte, gefunden.

Wie eigentlich in jedem Bereich im Leben, gilt für das Schreiben auch: Einfach ins Tun kommen.

Ich selbst schreibe immer einfach darauf los und nutze überhaupt keine Schreibtechniken. Sicher, ich habe mir wahrscheinlich durch mein lebenslanges Lesen unbewusst eine gewisse Schreibübung und ein Gespür für den roten Faden erworben.
Andererseits: Könnte oder dürfte ich nicht schreiben, wäre ich um eines meiner stärksten und wichtigsten Ausdrucksmittel beraubt.

Ich arbeite sehr viel mit fremden Texten. Dabei stelle immer wieder fest, wenn ich den Autor hinter dem Text spüren kann, der Text stimmig ist und mein Lesefluss stimmt, versinke ich ganz im Text.
Dann spielt es für mich gar keine Rolle, ob ich hier oder da mal einen Fehler bemerke, dann rücken Schreibtechniken und Methoden ganz in den Hintergrund. Sind wir an unsere innere Schreibstimme angebunden, gibt es keine holprigen Texte. Dann schreiben wir und drücken uns aus, so wie wir sind. Ein größeres Geschenk können wir unseren Lesern nicht machen.

Zwei Möglichkeiten
Hier stelle ich dir zwei ganz einfache Möglichkeiten vor, mit denen du üben kannst, schreibend zu assoziieren, um näher an deine innere Schreibstimme zu gelangen. Die Übungen helfen dir auch, dich darin zu üben, aus einem Gedanken weitere Gedanken schreibend zu entwickeln.

Als Nebeneffekt kommst du gut in die Achtsamkeit und wirst erfahren, wie interessant doch dein Leben ist. Und mit ein wenig Glück kannst du noch ganz spannende Dinge über dich herausfinden.

1) Der Apfelbaum
Gehe einmal mit Stift und Zettel hinaus in die Natur oder in den Garten oder Park. Setze dich ganz entspannt auf die Wiese, die Bank oder Decke und lass deinen Blick ganz ruhig schweifen.

Was siehst du da? Einen Apfelbaum, der blüht? Eine blaue Wolke? Ganz egal woran dein Blick sich gerade erfreut. Am Beispiel des Apfelbaumes erzähle ich dir, wie du deine Gedanken weiter entwickeln und dich schreibend auf eine interessante innere Reise begeben kannst (notiere dir alle deine Gedanken dabei):

Beispiel:
Apfelbaum - Apfel - Apfelkuchen - den hat Oma Hilde immer gebacken, den besten Apfelkuchen, den es gibt - bei Oma Hilde war ich immer in den Ferien auf dem Land - Schulferien - glückliche Zeit - Berge - Bauernhof - Kühe und Schweine - und dann war da Toni, der Junge vom Nachbarhof - wir sind den ganzen Tag zusammen durch die Gegend gelaufen - am Fluss Angeln gebaut und versucht Fische zu fangen - und dann war da der Hund von Oma - der hieß Flocki und hatte wuscheliges Fell - ganz weich - so weich wie die Wolke da oben am Himmel - erinnert mich an das erste Mal im Flugzeug - lauter weiße Zuckerberge neben mir - Flug nach London - mit meiner Mutter - war ich 17 und hatte Liebeskummer ...

2) Der Tag
Nimm dir einen Tag lang vor, mal all die kleinen Dinge zu notieren, die dir während des Tages begegnen. Wenn du magst, kannst du auch daraus weitere Gedanken entwickeln, wie in der vorigen Übung. Du wirst staunen, wie interessant und vielfältig so ein Tag sein kann, von dem du vielleicht dachtest, dass eigentlich nichts Spannendes passiert wäre.

Und du wirst feststellen, wie viel Text dein Tag ergeben könnte, wenn man ihn mit Stift und Zettel begleitet.

Beispiel:
Mein Tee zum Frühstück schmeckt nach Zitrone. An dem Teebeutel hängt ein Zettelchen mit deinem netten Spruch drauf. Wenn ich aus dem Fenster schaue, von der Küche aus, sehe ich am Haus gegenüber ein schönes Fenster.

Wer da wohl wohnt? Die Gardinen sind etwas altmodisch, aber ich sehe eine wunderbare Pflanze, die blüht gerade ... Das Telefon klingelt ... es war Onkel Tom, den habe ich so lange schon nicht mehr gesprochen, es ist der Bruder meines Vaters ... dann bin ich einkaufen gefahren, ... diese vollen Läden, mag ich gar nicht, aber ich habe heute etwas ganz Interessantes entdeckt, was ich mal kochen möchte. Ob ich Manja mal wieder zum Essen einlade? Wann eigentlich haben wir uns das letzte Mal gesehen?

Die Aufgabe für dich:

Gedanken schreibend weiterentwickeln

In der heutigen Aufgabe kannst du üben, deine Gedanken schreibend weiterzuentwickeln. Es ist eine ganz einfache Praktik mit großer Wirkung. Denn außer der eigentlichen Schreibübung begibst du dich mit dieser Übung in wohltuende Achtsamkeit. Kannst kleinen inneren Schätzen deines Lebens begegnen, und mit ein wenig Glück erfährst du noch ganz interessante Dinge über dich. Darin liegt die Kraft des Schreibens. Kommen wir mit Stift und Papier zur Ruhe und in den Fluss, öffnet sich die Schatztruhe der Erkenntnisse und Einsichten ... und das Schreiben üben wir ganz nebenbei. Du wirst entdecken können, welche große Fülle an Text in dir ruht, wenn du schreibend deinen Gedanken lauschst.

Begib dich heute mit Stift und Zettel in die Natur. In den Park oder in den Garten, auf den Balkon oder an das weit geöffnete Fenster. Setz dich nieder auf einer Bank, auf einer Decke auf der Wiese, auf einen Baumstamm und komme an. Atme ein paarmal tief ein und lasse dich in die wohltuende Stimmung um dich herum sinken.

Dann lass deinen Blick schweifen und die Umgebung auf dich wirken:

- Was siehst du?
- Blaue Wolken, grüne Wiesen mit ihren bunten, blühenden Farbtupfern, üppig wachsende Büsche, einen Weg und hüpfende Vöglein darauf?
- Vielleicht Hügel oder Berge im Hintergrund oder einen schönen Wald?
- Worauf richtet sich dein Blick und was fängt deine Aufmerksamkeit?
- Es ist gleich, ob es der Baum oder die Wolke ist, der Vogel, die Blume oder der Weg.

Am Beispiel des Baumes zeige ich dir, wie du nun mit deinen Gedanken umgehen kannst.

Notiere dir all deine Gedanken, sowie ich es tue in meinem Beispiel. Am Anfang steht bei mir der Baum und meine Gedanken tragen mich dann weiter ...

Siehe Beispiel 1 oben.

Wenn du magst, poste uns deine Gedankenkette auf unserer geschlossenen **FB-Gruppe**!

Viel Freude beim Ausprobieren und Schreiben wünscht dir

Almut Switalla
Natur- und schreibgestütztes Coaching
www.almut-switalla.de

20.Tag: Dein Kurztext wächst

Ein Tag vor dem großen Finale!
Heute spitzt du nochmal deinen Bleistift, nimmst dir den 800-Zeichen-Text deines Unternehmens (Tag 15) und das Feedback deines Partner (Tag 17).

Und dann machst du daraus einen Slogan.
DEN 140-Zeichen-Text, der in den nächsten Wochen deinen idealen Leser auf dich aufmerksam machen wird.
DEN Text, den du auf deinem FB-Portal und bei Twitter posten kannst.

Und den du, ...

... aber nein, das ist die Überraschung für morgen, das verrate ich dir heute noch nicht! ,-)

Aufgabe:
Mache heute deinen Kurztext fertig.
140 Zeichen sollen es sein. Echt nicht mehr. Mehr passen nicht ins Feld ...
Lass ihn danach ruhen.

Morgen ist das große Finale!
Gehe heute feiern.
Stoße auf dich an.

Du hast es fast geschafft!

PS.: Wenn du dir nicht ganz sicher bist und du noch Feedback brauchst, nutze die Kraft unserer **FB-Gruppe**!

Hab viel Spaß bei deiner heutigen Aufgabe!

21.Tag: Der letzte Tag, und eine große Überraschung wartet auf dich!

Du warst wirklich sehr fleißig in den letzten drei Wochen. Hast viel gelernt und umgesetzt.

- Werkzeug für dein Schreiberhandwerk gefunden.
- Von **Almut** erfahren, wie du innere Bilder förderst.
- Tricks über die Wortarten und den Satzbau gelernt.
- Eine Technik erfahren, wie du deinen idealen Kunden findest.
- Den roten Faden, den dir **Silvia** angeboten hat, durch Planung aufgerollt.
- Mit **Stella** ungehemmt Ideen produziert.
- Geniale Titel gefunden mit **Bella.**
- Die Angst vor dem weißen Blatt besiegt durch eine Übung mit **Franz**.
- Gelernt, wie du einen Text korrigierst mit **Dunja**.
- Hast dir einen 800-Zeichen-Text erarbeitet.
- Und deinen genialen 140-Zeichen-Kurztext.

Da muss ich doch auch noch etwas dazu beitragen ,-).

Aufgabe:

Heute nimmst du dir deinen Kurztext nochmal vor und überprüfst ihn mit deiner Korrektur-Checkliste.

Dann postet du ihn in der FB-Gruppe.

#buchschreibenlernen – MIT Link auf deine Homepage bitte!

So finde ich deinen Kurztext von 140 Zeichen, stelle ihn auf die Homepage der Akademie **www.evalaspas.at** und verlinke ihn mit deiner Seite! So hast du gleich Werbung für dich gemacht.

Nun bleibt nicht mehr allzu viel zu tun …

… kein Abschied, denn wir bleiben in Kontakt:

- Ich freue mich auf ein Feedback von dir – gerne über das **Kontaktformular**, per **eMail** oder in der **FB-Gruppe**.
- Du bist natürlich herzlich eingeladen, bei der nächsten Online-Challenge life mitzumachen.

Wenn du Unterstützung mit deinem 800-Zeichen-Text brauchst, habe ich für dich ein Spezial-Angebot – exklusiv für LeserInnen des Buches „Werbetexte Schreiben lernen“: „Text-Coaching. Individuelle Aufgaben für dich auf Basis deines Textes.“ Das Angebot bekommst du automatisch geschickt, 21 Tage nachdem du dir die Arbeitsblätter downgeloadet hast.

Bist du auf den Gusto gekommen und möchtest mehr von allem?

Werbepsychologie, PR-Texte schreiben und vieles mehr?
Das ganze Paket?
Und keine Kompromisse?

Dann melde dich bei der **Akademie Schreiben lernen** (www.evalaspas.at) an und hole dir mehr Infos. Zur Begrüßung habe ich eine 3teilige Videoserie für dich vorbereitet: 3 Schritte zum Herz deines Kunden.

Ein erfolgreiches Geschäftsleben wünschen wir dir alle

Deine Eva Laspas, Bella Bley, Franz Grieser,
Silvia Chytil, Petra Czanik & Stella Damm,
Dunja Herrmann, Almut Switalla.

Notizen:

15356875R00053

Printed in Poland
by Amazon Fulfillment
Poland Sp. z o.o., Wrocław